叱って伸ばす

西東京・東海大菅生　野球部監督
若林弘泰

竹書房

はじめに――私はなぜ叱るのか？

本書で詳しく述べるが、私は幼少時から家でも野球のクラブ活動でも、あまり褒められることのない環境で育ってきた。父にも、学童野球以降の各時代の監督さんたちにも、褒められた記憶はほとんどない。プロ入りしてお世話になった中日ドラゴンズの元監督である高木守道さん、そして星野仙一さんにも褒められたことはない（選手としての出来が悪かったので、褒められなくて当たり前なのだが）。

でも、だからといって、そのような環境で育ったことを不幸だとはまったく思っていない。むしろ、そのような大人たちがまわりにいてくれたおかげで今の私がある。だから今は父にも、お世話になった監督さんたちにも、感謝の思いしかない。

近年の子供の教育は「褒めて伸ばす」というやり方が主流のようだが、私はそのような教育を受けて育っていないので、どうもしっくりこない。もちろん今、私が東海大菅生高校野球部の選手たちと接する中で、褒めることがまったくないというわけではない。

野球部の選手も、学校の生徒も、ごく稀にタイミングを見計らって褒めることはある。しかし、私の指導スタンスは「褒めない」もしくは「叱る」を基本にしている。「褒めて伸ばす」が平成・令和の指導法だとすれば、私のような「褒めない」「叱る」が主軸の指導法は「昭和スタイル」だといっていいだろう。ただ、現代の「褒めて伸ばす」という教育は当初の理念からは離れ、「何でもかんでも褒めればいい」という安直な方向に向かっているような気がしてならない。それは、指導者としての責任を投げ出しているだけではないのか？


「嫌われたくない」

「いい人だと思われたい」

　今の指導者はそんなふうに思っている人が多いため、叱ることができないだけのように私の目には映る。

　選手一人ひとり、個性や性格が異なるのだから、私たち指導者は選手それぞれに合わせた教育や指導をしなければならない。選手を十把一絡げに捉え「こういう時はこういう指導をすべき」というようなマニュアルでは、選手を伸ばすことはできない。何でもかんでも叱りつけるようなやり方はもちろんＮＧだが、何でもかんでも褒めるようなやり方も、選手の成長を阻害するものでしかないと私は思う。

「昭和スタイル」の指導法といっても、私が高校生だった頃とまったく同じことをしているわけではない。平成から令和へと時代が移り変わる中で、それぞれの世代（メンバー）に合わせて、私の指導はその都度進化を遂げてきた。選手一人ひとりの性格や育ってきた環境、さらには現在置かれている状況などをしっかりと把握した上で、「叱る」あるいは「ごく稀に褒める」ということを私は続けている。

ノックの時も私は「ナイスプレー」と褒めることはせず、ミスを厳しく叱る。「そのエラーで負けたらベンチ外の選手は泣くぞ！」と叱りつけ、選手にとことんプレッシャーをかける。

私が今のような「昭和スタイル」の指導法に行き着いたのは、夏の西東京大会の大一番（準決勝、決勝）で悔しい敗戦を何度も経験してきたからである。私は今まで、大一番に負けて涙を流すたくさんの選手を見てきた。選手たちを勝たせてあげられなかったのは、監督である私の責任である。

「西東京を勝ち抜くにはどうしたらいいのか？」

2009年に東海大菅生の監督に就任してから、私はそればかりを考え続け、今の指導法に辿り着いた。選手たちに西東京を勝ち抜くタフな精神力を付けてもらうためには、普段から命懸けで練習に取り組んでもらう必要がある。

本書では、私がなぜ今の指導法に辿り着いたのか、そして今、どのような指導をしているのかを具体的に記していきたいと思う。私の行っている指導は、実際に歴代の選手たち（そして学校の生徒たち）と対峙してきた中で培われたものであって、薄っぺらい正義感や理想だけを求めた机上の空論に則って生まれたものではない。選手を伸ばし、チームを強くしていくにはどうしたらいいのか。私が現場で学んできたそのすべてを、本書で明らかにしていきたい。そして本書がわずかでもいいので、みなさんの参考になれば幸いである。

叱って伸ばす

目次

第1章 高校野球超激戦区、東京

甲子園出場は容易ではない

第2章　恩師に恵まれた私の野球人生
原貢監督、星野仙一監督他、歴代監督の教え

第3章 叱って伸ばす

第4章 高校野球投手論
元プロ野球投手としての視点

第5章 東海大菅生の走攻守

基本にあるのは、守り勝つ野球

第6章 これからの高校野球を考える

指導者はどうあるべきか

第1章

高校野球超激戦区、東京

甲子園出場は容易ではない

昔の東京と今の東京
――西東京の高校野球勢力図

私の球歴に関しては次章で詳しく述べるとして、プロ野球引退後、一旦普通の社会人として働いていた私は、高校野球の監督になるため一念発起して大学に通い教員免許を取得。２００７年に東海大菅生高校の教員となり、最初の2年間は系列中学野球部のコーチをしていた。そしてその後、２００９年4月から正式に高校野球部の監督に就任することとなった。

今から12年前の西東京の高校野球は、日大三が圧倒的な強さを誇っていた。日大三は２００９年夏の甲子園に出場し、２０１０年春のセンバツでは準優勝（優勝した興南にはエース・島袋洋奨がいた）。さらに２０１１年には春・夏連続で甲子園に出場し、そこから２０１３年にかけては3年連続で西東京を制し、甲子園出場を果たしている。

当時の西東京では日大三が群を抜いており、そこに歴史ある早稲田実が絡んでくるという構図だった。

私が東海大相模で野球をしていた1980年代前半（実際に私がプレーしたのは1982～1984年）の東京は、帝京、早実の二強、その他にも日大二、桜美林、二松学舎といった強豪校が甲子園出場を果たしており、1984年のセンバツでは岩倉が初出場にして初優勝という快挙を成し遂げた。

私の現役当時から、東京の高校野球のレベルは高く、今と当時の大きな違いといえば、日大三が私の現役の頃はそこまで強くはなかったというくらい。東京と神奈川は昔も今も全国屈指の激戦区であり、強豪校がひしめいている状況はまったく変わりがない。

東京と神奈川の野球の違いをあえて言うとするならば、神奈川の野球のほうが細かい野球、いわゆる「スモール・ベースボール」をしていると思う。

これは人伝に聞いた話なのだが、横浜高校の渡辺元智元監督はかつて「私も智辯和歌山のような強打で勝っていく野球をしたいが、神奈川でそのような野球をしても勝ち抜けない」と仰っていたそうだ。さすが全国に名を馳せる名将である。神奈川の野球を端的に物語っている。渡辺元監督が指揮官を務めていた当時の横浜は、送るべき時はバントで確実に送る。そしてスクイズで1点を取りにいくという野球をしていた。守備も走塁も抜かりない。そういったスモール・ベースボールを極めつつ、愛甲猛、松坂大輔、成瀬善久、涌井秀章といった好投手を擁した時の強さは別格だった。

話がやや逸れてしまったが、現在の西東京の勢力図は日大三が強いことには変わりなく、そこに早実、国学院久我山といった名門が加わり、さらに国士舘、創価、八王子、日大鶴ヶ丘といった強豪校が虎視眈々と代表の座を狙っている。また、西東京には日野や片倉といった都立の強豪校もいる。２０２１年のセンバツには幸いにして本校が出場できるが、どこが出場してもまったくおかしくない、常に熾烈な争いを繰り広げているのが西東京の現状なのだ。

そんな数ある強豪校の中でも、私が「これからもっと強くなりそうだな」と感じているのは、２０１９年夏に甲子園に出場した国学院久我山である。尾崎直輝監督とは練習試合などを通じて多少のお付き合いがあるのだが、彼はまだ30歳ほどで若く、情熱にあふれ、勉強意欲も旺盛だ。うちも国学院久我山に足をすくわれないように、十分に気を付けていかなければならないと思っている。

就任早々、ビギナーズラックで決勝進出

東海大菅生の監督に就任したばかりの2009年、夏の地区大会は2回戦で都立調布南に延長戦の末2－3で敗れた。これが当時の私たちの実力だったが、なんと秋の大会でいきなり決勝まで勝ち上がった。

この時は1回戦で国学院久我山と当たり、下馬評は当然久我山有利だったが本校が4－1で勝った。この勝利で勢いのついた私たちは、3回戦でその夏に西東京大会決勝進出を果たしていた雪谷に4－2で勝利。続く準々決勝では日大二、準決勝では日野と強豪との対戦が続いたが、接戦を制して決勝に勝ち上がった。

その頃の日野はいい選手が揃っており、春の大会でも対戦していたのだが、本校は3－19のコールド負け。高野連の関係者から「東海大菅生は東京で一番弱い私学だ」と言われてしまうくらい、とにかくうちのチームは弱かった。

そんな弱小私学だった私たちがいきなりの決勝進出である。決勝では帝京に1－13で

負けるのだが、今思えばこの決勝進出がよくなかった。

この時に決勝まで行けたのは、選手のがんばりプラス高校野球の何たるかも知らずに勝ち上がった「監督としてのビギナーズラック」である。しかし、あの時の私は「なんだ、やっぱり俺が本気を出せば結構勝てるじゃないか」と高をくくってしまった。その後、私たちは各大会でなかなか勝ち切れない不遇の時代を何年か過ごすが、その原因は就任初年度の私の思い上がりがすべてだと思う。

今でもよく覚えているのが決勝敗退後、神奈川の桐光学園と練習試合をしていただいたのだが、野呂雅之監督から「就任したばっかりって、結構勝っちゃったりするんだよね」と言われたことだ。その頃の私は調子に乗っていたので「決勝進出はビギナーズラックじゃない」と思ったりもしたが、なかなか代表に辿り着けない悔しい思いを幾度も経験し、「確かにあれはビギナーズラックだったんだ」と思い知った。

2009年秋の大会で決勝進出を果たし、私も選手たちも「次は優勝だ」と当然のように思っていた。練習にも今まで以上に身が入り、冬のトレーニングを積んで選手たちは技術も体力も増していった。

そして迎えた2010年の春の大会。私たちはシードだったため3回戦からの出場となり、初戦の相手は日大豊山だった。しかし、我が打線が相手のサイドスロー軟投派投手を打ちあぐね、コールド負けにこそならなかったものの1－7の大差でよもやの初戦敗退となった。

この年の夏は3回戦で桜美林に1－5で敗戦、秋は初戦で修徳に0－3の完封負けとまったくいいところがなく終わった。今思えば、やはり私に慢心があった。選手たちは冬に技術と体力を鍛えたが、肝心の「心」を鍛えていなかった。何より、当時の私自身に指導者としてもっとも大切な「心」が欠けていた。

何かを変えなければ
――きっかけとなった二松学舎戦

2011年の夏、私はその代のチーム力に結構自信を持っていたのだが、4回戦でその年のセンバツに出場していた国学院久我山と当たり、延長戦で相手エースの川口貴都にサヨナラ2ランホームランを打たれて敗戦。「これでも勝てないのか……」とひどく落胆したことを覚えている（その夏はエース吉永健太朗を擁する日大三が甲子園出場を果たし、全国制覇)。

その後は2012年夏に4回戦進出(片倉に2-3で敗戦)、2013年夏には私が監督に就任して初めて準々決勝進出(創価に1-2で敗戦)を果たすも、そこから上に進むことはできず甲子園に今一歩手が届かない。私も指導者としてかなり行き詰まった状態であった。

2013年の秋、その代には2年生に髙橋優貴(2018年、読売ジャイアンツドラフト1位)、小林大(国際武道大~エイジェック)の2枚看板がおり、さらに1年生には勝俣翔貴(2019年、オリックス・バファローズドラフト5位)もいたので、私はかなりの手応えを感じていた。しかし、3回戦の二松学舎戦に2-5で負けてしまった。この敗戦が私には相当堪えた。

「何かを変えなければ」

それまでも最善を尽くすべく試行錯誤の指導を続けていたが、私は根本的に自分自身の何かを変えなければいけないと痛切に感じた。今になれば笑い話なのだが、この時私がまず思ったのは「減量しよう」ということだった。その頃の私は体重105キロくらい。これを年内に「95キロにしよう」と思った。そして食事は炭水化物を抜き、運動はエアロバイクやウォーキングなどをまめに行い、11月に5キロ減、12月に5キロ減で目標の95キロを達成。後で聞いた話だがこの頃、選手たちは陰で「ワカバもがんばって努力してんだよ」みたいなことを言っていたらしい（選手間では私は「ワカバ」と呼ばれているようだ）。

その後、さらに私のそれまでの取り組み方を見直させる出来事がふたつあった。まずひとつ目は2014年春の大会での4回戦コールド負けだ。この時、本校は日大三を相手に0－12の5回コールド負け。しかもノーヒット・ノーランのおまけ付きだった。

そしてふたつ目が恩師・原貢監督（東海大相模時代の監督。読売ジャイアンツ・原辰徳監督の父）の死である。4月に日大三にコールド負けし、その翌月に原監督が永眠。甲子園出場の恩返しを果たす前に、原監督は亡くなってしまった。恩師に吉報を伝えられなかったことが、私にはとても悔しかった。

選手との距離を縮めて2015年、初の甲子園出場
――恩師の姿に学ぶ

原監督を思い出す時、真っ先に浮かぶのはグラウンドでノックしている姿である。来る日も来る日も、原監督は私たちに檄を飛ばしながらノックをしてくれた。

東海大菅生の監督に就任して以降、私はプロ野球のコーチ分業制に倣い、「打撃はこのコーチ」「守備はこのコーチ」とそれぞれの分野の指揮、指導は担当のコーチに任せていた。監督である私が何から何まで選手の面倒を見るのではなく、各コーチにも責任感を持って選手と接してほしかった。

また、一旦任せた以上、そのコーチが担当している分野に口を挟んだら失礼でもある。だからバッティングにしろ守備にしろ、事細かく選手たちに指導をすることはなかった。当然のことながら、毎日のノックも担当のコーチに任せっ放しだった。

毎日行うノックは、選手とノッカーの「言葉のない会話」である。ノックをしていれば、実際の会話はなくともその選手の好不調、心身の状態がある程度わかる。原監督は

当時の選手から見れば雲の上のような存在になろうとも、毎日のノックは欠かさなかった。だからこそ、選手である私たちと意思疎通が図れていたし、東海大相模は甲子園常連の常勝チームとなった。

一方の私はといえば、甲子園出場監督でもないのに「元プロ野球選手」という看板を盾に思い上がり、選手たちとのコミュニケーションを疎かにしていた。気が付いてみれば、選手たちとの心の距離は、お互いの声が聞こえないくらいに離れてしまっていた。

「原監督だったらどうするだろうか?」

そう考え、私は「まずはノックから始めよう」と思った。原監督のように、選手に檄を飛ばしながらノックをしよう。その日から、毎日のノックは私が行うようになった。

思えば就任してから2014年の春まで6年間、私は自分が中心のものの考え方しかしていなかった。20名のベンチ入り選手を決めるのも結果論だけで判断し、負けたら負けたで「選手たちの力が足りない」とすべてを選手のせいにしていた。

二松学舎戦の敗戦と原監督の死。このふたつが、高校野球監督という以前に、教育者として、そして人間として、自分がどうあるべきかを教えてくれた。

自分でノックを始めた2014年の夏、私たちは準優勝を果たし、続く秋の大会では宿敵・二松学舎に決勝で勝利し、悲願だった甲子園（センバツ）への切符を手に入れることができた。

夏の大会前、私は線香をあげさせていただくために原監督のお宅を訪ねた。実はその時、原監督の娘さんから「父の形見としてぜひ持って帰ってください」と〝原貢〟と刻印されたネームタグ（ゴルフバックなどに付けるもの）をいただいた。

その直後に準優勝した夏の大会、そして優勝した秋の大会で私は、ズボンの後ろポケットに原監督のネームタグを入れて全試合を戦った。迷った時、ポケットのネームタグを握りしめ、「原監督ならどうするだろうか？」と考えた。その結果、秋の大会を制し、甲子園初出場を決めることができた。これは、原監督が私の後ろに付いていてくれたおかげであろう。

今でも、公式戦では原監督のネームタグを自分のポケットに入れている。来る2021年のセンバツでも、私は原監督とともに一戦一戦、戦っていくつもりだ。

2014年から3年連続決勝戦敗退
——監督のネガティブな思いはすぐに選手に伝染する

2014年の夏の大会、私たちは並み居る強豪を打ち破り、準決勝に進出。相手は春の大会でコールド負けした日大三だったが、取って取られての打撃戦を制し、本校が12-6で競り勝った。

優勝候補である日大三に勝ったことで、私たちは「これで甲子園に行ける」と思ってしまった。決勝の相手は日大鶴ヶ丘。下馬評ではうちが圧倒的に有利だったものの、相手投手を打ちあぐね、1-2のサヨナラ負けを喫した。そして、この試合こそが私にとっても悪夢のような思い出である「3年連続決勝戦敗退」の始まりだった。

前項で述べたが、私たちはこの決勝戦敗退を教訓に、続く秋の大会では決勝で二松学舎を3-2で退け、初のセンバツ甲子園出場を決めた。その勢いのまま2015年の夏の大会も勝ち上がっていきたかったのだが、戦国・西東京はまったく甘くなかった。

2015年の夏、西東京大会は「清宮フィーバー」に沸き返っていた。注目の1年生選手である清宮幸太郎（北海道日本ハムファイターズ）目当てに、早実戦は連日超満員。私たちは、そんな早実となんと決勝戦で対峙することになった。

今でも、あの時の球場の雰囲気はよく覚えている。スタンドの9割以上が早実ファンで埋まっていた。いわゆる「完全アウェイ」の状況である。しかし、私たちはそんな不利な状況にもかかわらず、先発の勝俣の好投もあって7回が終わって5－0でリードしていた。

ところが8回、早実の一本のヒットをきっかけに球場のムードが大きく変わった。勝俣を代え、継投で何とか逃げ切ろうとしたが8失点で逆転を許し、本校も最終回の攻撃で1点を入れるが反撃もここまで。6－8で2年連続の決勝戦敗退となった。

そして、「三度目の正直」と万全の状態で臨んだ2016年の決勝戦。相手は八王子だった。

私たちは準決勝で日大三に勝っていた。この状況は2年前の決勝（日大鶴ヶ丘戦）の時とまったく同じである。日大三に勝ったからといって安心してはいけない。そうは思っていたのだが、相手の八王子と本校はそれ以前に幾度か対戦し、一度も負けていなかった。しかも、その前年の秋に練習試合をし、そこでもうちが勝っていた。

悪いイメージはまったくなく決勝戦に臨んだが、それがよくなかったのかもしれない。逆に、八王子はうちのピッチャーと打線をよく研究していた。3－3の同点で延長戦となり、延長11回表に八王子に2点を入れられるとそのまま逃げ切られ、3－5で3年連続の決勝戦敗退となってしまった。

千葉ロッテマリーンズの鳥谷敬選手の母校として知られる聖望学園とは、よく練習試合をしていただく。鳥谷選手の恩師である岡本幹成監督は、高校野球の神髄を知る名将である。そんな岡本監督から、なかなか勝てなかったこの時期にこう言われたことがある。

「お前はさ、エリートだから試合の流れが読めちゃうんだよ。〝この試合は勝てる〟とか〝この試合はもうダメだ〟と読んじゃってる。でもな、そういう思いは選手に伝染しちゃうもんなんだよ」

岡本監督からこう言われ、私はガツンと殴られたような衝撃を覚えた。岡本監督は先の言葉に続けて「俺はバッタもんだから試合の流れは読まない。だからいいんだよ、ガハハ」と笑っていたが、私は「そうか、俺は選手たちには〝最後まであきらめるな〟と言いつつ、試合を投げてしまっていたのかもしれない」と気付いた。

東海大菅生の野球の本質

——守り勝つ野球

夏の決勝まで行くもののなかなかその先に進めなかったこの時期、練習試合ではできるのに公式戦になるとできないという傾向が、「走攻守」すべての面においてあった。もちろん今となっては、選手のよさを引き出せなかった私の指導力不足がすべての原因であったと理解している。戦術的な部分でも、私は勝ちを呼べる采配ができていなかった。

私が理想に掲げていた野球は、プロ野球のようにガンガン打って、圧倒的に打ち勝つ野球だった。しかし、そういった野球では勝てないことを、この「3年連続の決勝戦敗退」で思い知った。

「あそこで1点しっかり取っていれば勝てたな」

「あの1失点は余計だった。やらなくて済む失点だった」

そんな幾多の敗戦から私は学び、東海大菅生の野球を築き上げた。その野球をひと言で表すとすれば「守り勝つ野球」である。

監督として勝利を手繰り寄せるべく采配を振る時、失点がある程度計算できないと試合のプランを練ることもできない。投手力と守備力によって相手の得点を何点で抑えられるか。その失点計算をベースにして、私は事前に試合をシミュレーションし、戦略を練っていく。

まず、投手の継投策、守備の配置を考える。そうすることによって、相手の打線を何点以内に抑えられるかを想定する。そして守りのプランが固まったら、次は攻撃の戦略を練る。相手を3点以内に抑えられるのなら、うちは5点を取る野球をすればいい。その5点は一挙に5得点するのではなく、相手投手陣から9イニングの中でどうやって5点を取るかを考えていく。

「ここで確実に1点を取る」

そういう野球をしていこうと思ったら、「送るべき時はしっかり送る」というスモール・ベースボールをしていかざるを得ない。どんな状況でもフルスイングというような大味な試合をしていたら、東京のような激戦区では勝ち上がっていけない。

今の東海大菅生があるのは、かつての勝てなかった頃の経験があるからに他ならない。

本校を巣立っていったたくさんのＯＢたちの悔し涙が、今の東海大菅生を作り上げてくれたのだ。

２０１７年、清宮幸太郎擁する早実に勝ち甲子園出場

２０１５年にセンバツ出場を果たしたが、本校は夏の甲子園には今一歩手の届かない状態が続いていた。とくに２０１４年から２０１６年にかけては、繰り返しになるが夏の大会３年連続決勝戦敗退という屈辱を味わっていた。

私の知り得る限り、夏の地方大会の決勝で３年連続敗退した監督は二松学舎の市原勝人監督、東海大相模の門馬敬治監督、横浜の渡辺元智元監督の３人がおり、４年目にも決勝に進出したのは渡辺元監督だけ。しかも横浜は４年目に見事優勝を果たし、４年連続決勝戦敗退にはなっていない。つまり、私は２０１７年の夏の大会で決勝戦敗退となれば、史上初の「４年連続決勝戦敗退監督」となり、不名誉な新記録を作ることになってしまう。「何としてでもそれだけは避けたい」という思いと、「選手たちを夏の甲子園

に送り出してやりたい」という思いを抱きつつ、私は2017年夏の大会に臨んだ。

その年の春の大会、私たちは日大三に3－4と惜敗していたが投手陣のコマが揃っており、それなりの手応えを感じて夏を迎えていた。春の大会は決勝がその日大三と清宮幸太郎擁する早実だった。夏の大会では、春の決勝進出チームはトーナメント表の山組が分かれるため、うちは準決勝までにどちらか一方と当たることになる。そして抽選の結果、私たちは日大三と同じ山に入り、順調に行けば準々決勝で日大三、決勝で早実と当たることになった。

準々決勝の日大三戦。先発した背番号11のエース、松本健吾（亜細亜大学）が8回を投げて被安打3、無失点の好投を見せて5－0で快勝。続く準決勝の日大二戦は乱打戦となったものの11－8と打ち勝ち、4年連続の決勝進出を果たした。

2年前の2015年夏、先に述べたように私たちは決勝戦で早実と当たっていた。あの時1年生だった清宮は3年生になっていた。我々はあの時と似たような熱狂に包まれる神宮球場で、再び早実と対峙することになった。

準決勝に勝った後、マスコミの取材で私は冗談のつもりで「2年前は空気を読んで負けたけど、今度は負けませんよ」というようなコメントを発した。すると翌日の新聞各紙には「東海大菅生、今年は空気を読まずに勝つ！」というような見出しが躍っていた。空気を読む、読まないは冗談にしても、「勝つ」という気持ちはもちろん本気だった。その代のチームは日本一を目指してそれまでやってきていたし、うちにとって西東京大会決勝戦は「あくまでも通過点」という認識だった。

当時の早実打線には3番に清宮、4番に2年生の野村大樹（福岡ソフトバンクホークス）という強打者が揃っていた。このふたりの前にランナーを出さないことが、決勝戦勝利への最重要ポイントだった。

清宮にはフォアボールOKという指示で、気持ちも楽になったのだろう。本校のエース・松本、捕手・鹿倉凛太朗（武蔵大学）のバッテリーは清宮を3打数1安打に封じ込め、野村には3安打を打たれるものの最大の山場だった8回裏、1アウト・ランナー一塁（ランナーはヒットで出塁した清宮だった）の場面で野村をインハイのストレートでショートゴロの併殺に打ち取り、流れを早実に渡さなかった。

結果、松本は9回完投、6－2で早実を下し、私が監督に就任してから初、学校としては17年ぶりとなる夏の甲子園出場を決めた。こうして私は、選手たちのがんばりのおかげで「4年連続決勝戦敗退」という不名誉な記録を作らずに済んだのである。

夏の甲子園でベスト4の快進撃

私にとって最初の甲子園（2015年のセンバツ）は、初戦の大阪桐蔭戦で0－8の大敗を喫して終わった。その後も、私たちは幾度も悔しい思いを経験し、「西東京で優勝する」「甲子園出場」という思いだけでは勝ち上がっていけないことを知った。

二度目の甲子園出場を決めた2017年、私は選手たちに常日頃から「目指すは日本一。西東京大会はあくまでも通過点だ」と言い続けていた。だから私も、選手たちも、前回のように「甲子園に出場できた」ということだけで満足はしていなかった。「日本一になる」という強い意志を持って、私たちは甲子園の土を踏んだ。

1回戦の相手は高岡商だった。5回終わって1－1の拮抗した戦いが続いていたが、その後追加点を加え、8回終わって4－1と本校が3点のリード。さらに9回、うちの打線が8回から代わった大会注目の好投手・山田龍聖選手（当時2年。現JR東日本）を捉え、一挙7得点して11－1で大勝を収めた。この勝利で私たちはいい流れに乗ることができた。

2回戦の青森山田戦は9－1、準々決勝の三本松戦も9－1と打線がうまく機能すると同時に、ふたりの先発投手（松本と戸田懐生）が各試合をしっかりと抑えてくれた。まさに理想的な勝ち方で我々は勝ち上がっていたが、準決勝を前に私には気になる点がひとつだけあった。

準決勝に残ったのは本校と、花咲徳栄、天理、広陵だった。花咲徳栄とは普段から練習試合をよくする仲で、実は大会前にも練習試合をしており、うちが大勝していた。しかし、その試合の花咲徳栄は明らかに本調子ではなかった。だから逆に、私たちは花咲徳栄の本当の力を実感していなかった。

また、花咲徳栄には、U18日本代表にも選ばれるリリーフエース・清水達也がいた（その年のドラフトで中日ドラゴンズから4位指名されて入団）。清水の投じる140キロ台後半のストレートは伸びがあり、キレのあるスライダーもとてもよかった。

天理も広陵もそれまでの試合で投手を酷使していたから、私としては準決勝で天理か広陵、決勝で花咲徳栄と戦えればと考えていた。だが、そんな私の目論見は準決勝前の抽選で脆くも崩れ、準決勝の相手は一番戦いたくなかった花咲徳栄に決まった。

準々決勝まで、花咲徳栄は綱脇慧（東北福祉大）が先発し、途中から清水が登板する継投策で勝ち上がっていた。当然準決勝も綱脇が先発だったのだが、4－4の打撃戦となった序盤の4回、岩井隆監督は切り札の清水を早くも投入してきた。

その後、うちの打線は清水を打ちあぐね、8回に花咲徳栄に2点リードを許すも、土壇場の9回裏に2点差を追い付く驚異の粘りを見せ、試合は延長戦に突入。しかし花咲徳栄のエース・清水の球威は延長になってもまったく衰えず、11回に花咲徳栄に3得点されて万事休す。本校は6－9で準決勝敗退となった。

崖っぷちで同点に追い付くという粘りを選手たちが見せてくれたのは、「日本一」を目標にやってきたからだろう。選手たちは本当によくがんばってくれたと思う。いい試合だっただけに選手たちには勝たせてやりたかったが相手のほうが一枚上で、私たちの挑戦はベスト4に終わった。

夏の大会と秋の大会の違い

東京の高校野球は、夏は東と西に分かれて大会が行われ、春と秋は東西一括りで行われる。

「甲子園を目指す上で、夏と秋では戦い方が違ってきますか？」と聞かれることがたまにあるが、私としては根本的な戦い方、試合への臨み方などは夏も秋も一緒である。

違いがあるとすれば、準備期間の長短の差ぐらいだろうか。夏の大会は、前年の秋の大会が終わった瞬間から準備ができる。さらに、4月に入ってきた新入生を交えて4〜6月までじっくりチームを作り上げられる。

しかし、秋の大会は準備期間が1〜2カ月ほどしかない。夏の甲子園に出場すれば、さらにその調整期間は短くなる。すべてが手探りで、適材適所の人材配置を行うこともなかなか難しい。そういった理由から、私の感覚としては、夏よりも秋の大会のほうが戦いづらい。

ちなみに2019年まで、東京の秋の大会にはシード制がなかったのだが、2020年の大会からシード制が導入されるようになった。

これは、夏の東西それぞれの大会でベスト8以上だった16校が、秋の大会でシード権を得られる制度である。シード校に選ばれた16校は、秋の大会の1次予選を勝ち上がった場合、本大会ベスト16までシード校同士の対戦がないように振り分けられる（ただし、決勝までの試合数はシード校も非シード校も同じ）。

なぜ東京都高野連がこのような判断を下したかというと、東京は全国最多の273校の加盟校を擁しながら、近年のセンバツの成績が芳しくない。だから有力校同士の早期対戦をなるべく避けるため、新制度が導入されたのだ。また、4年連続でセンバツ出場は1校に留まっているだけに、シード制によって久しぶりのダブル出場が実現できれば、東京にとってはとても喜ばしいことだ。

私が監督に就任してから2021年のセンバツ出場を含め、東海大菅生は春2回、夏1回の甲子園出場を果たしている。結果だけ見ればセンバツのほうが多いわけだが、先述したように私はセンバツにつながる秋の大会のほうが戦いづらく感じている。きっと全国でも多くの監督が、そのように感じているのではないだろうか。

本校では冬にじっくり基礎を鍛え、春から夏にチームを熟成させて夏の大会に臨むのが基本スタンスである。もちろん、秋の大会も勝つことを目指してはいるが、多分に実験的要素が含まれるため勝利の意味合いが夏と秋ではだいぶ異なる。

２０２１年のセンバツで目指すのは、もちろん日本一である。しかし、私はその先にある夏もすでに見据えている。夏の西東京大会でも、私たちは日本一を目指してがんばっていくだけである。

第2章

恩師に恵まれた私の野球人生

原貢監督、星野仙一監督他、歴代監督の教え

名門少年野球チームに入団
――すべてはここから始まった

私が小学2年生の時、我が家は神奈川の茅ヶ崎から横浜に引っ越しをした。この横浜から私の野球人生はスタートした。

あの頃は、テレビの野球中継といえばジャイアンツ戦ばかりだった。当時のジャイアンツはV9の終わりの頃で、私の記憶には長嶋茂雄さんより王貞治さんのほうが色濃く残っている。

横浜に引っ越した私は、放課後となれば近くの公園や空き地に繰り出して友だちと野球をして遊んだ。

3年生になった時、地域の学童野球チームに入りたくなった。昔は土曜も授業があったため、学童野球の活動は日曜だけだった。そこでまず、友だちと一緒に子供だけで「入れてください」とグラウンドにお願いしに行った。すると、当然のことながら監督と思しき人から「親と一緒に来なさい」とけんもほろろに断られた。

その時はまったく知らなかったが、私が入りたかったそのチームは「永田オックス」という、横浜でも名の知れ渡ったチームだった（1967年創部）。私の他にも、1983年に横浜大洋ホエールズに入団した片平保彦さんなど、プロ野球選手も数名輩出している名門である。

そんなことは当時の私はまったく知らなかったから、翌週に父を連れて再びグラウンドに入部をお願いしに行った。しかし、青木正夫監督（永田オックスの初代監督）は「すでに選手がいっぱいいすぎて、これ以上入部されても面倒を見切れない」とあまりいい顔をしなかった。

当時の永田オックスは3年生から入団可能で、各学年に10名前後の選手が在籍していた。3～6年生まで単純計算でも50～60名の選手がいたことになる。確かに、これだけの人数の子供たちを数名のスタッフだけで見るのは至難の業である。だから、青木監督がいい顔をしなかったのも無理はない。

でも、うちの父も負けず嫌いで頑固一徹。監督がダメだと言っても「子供がやりたいと言っているんだから、入れてやったっていいじゃないか」と引き下がらない。結局、監督は父の押しに負けて私の入部を許可してくれた。

チームの練習は日曜だけだったが、朝の7時に集合し、家に帰ってくるのはだいたい夜の7時くらい。当時はスパルタ教育当たり前の時代だったから、指導者も練習内容もとても厳しかった。

でも、私は父に似て負けず嫌いだったので、指導者たちに怒鳴られてもビビっていると思われるのが嫌で、心の中で「ふざけんな、こんちくしょう！」と叫びながら練習していた。監督に怒られて委縮してしまう選手もたくさんいたが、私は「次はいいところを見せてやる！」と逆に奮起した。

今の学童野球は、学年ごとにＡＢＣといった具合にそれぞれチームがあるようだが、当時は６年生主体のＡチームと、５年生以下のＢチームのふたつしかなかった。私は体格もよく、そこそこうまかったので、レギュラーではないが４年生の時からＡチームでプレーしていた。

5年生までポジションは外野だった。私は肩が強く、投げる球も速かったためピッチャーでもよかったのだが、当時はピッチャーをやると練習で走らされてばかりいた。そもそも私は練習嫌いだったし、中でも走るのが大嫌いだった。だからピッチャーだけはやりたくなかった。ただ、ピッチャーというポジション自体は好きだったから、平日に友達と野球をやる時はピッチャーばかりしていた。

最上級生になった時、体格がよく、肩も強い私はキャッチャーをやらされた。だが、エースだった左ピッチャーがあまりにもノーコンで、私がピッチャーをせざるを得なくなってしまった。

そこから私は、正式にチームでピッチャーをするようになった。当時、永田オックスが所属していた横浜市南区エリアには、確か100以上の学童野球チームがあり、予選から決勝まで6、7試合ほど行っていたように記憶している。

私はチームのエースとなり、地区大会で優勝して市の大会に出場。市の大会でもベスト16まで進み、「永田オックスに球の速いピッチャーがいる」と私は市内でもそれなりに知られる存在になった。

中学で出会った名将

小学校を卒業した私は、そのまま地域の永田中学に進学した。これも運命としかいいようがないのだが、その時野球部の監督をしていたのが森新《あらた》先生だった。

森先生は市内の強豪校（大島中学、蒔田中学、永田中学など）で監督をし、どの学校でも市大会や県大会、あるいは関東大会などで優勝。教え子には元読売ジャイアンツの柴田勲さんや横浜高校で松坂大輔を育てた小倉清一郎さんなど、錚々たる顔ぶれが揃う。

森先生率いる永田中野球部は、県下でもっとも注目される中学チームだった。そのため、東海大相模の原監督を筆頭に、横浜の渡辺監督など全国に名を馳せる強豪校の監督たちが、こぞって「森詣で」と称して森先生のもとを訪れていた。神奈川の野球関係者で知らない人はいない。森先生は、それくらい有名な存在だった。

軟式野球はボールもあまり飛ばず、硬式に比べると点が入りづらく、投手戦になりがちである。だから、試合もレベルが高くなればなるほど1－0や2－1といった接戦が多くなる。森先生は小技を駆使してまず1点を取りにいき、その1点を守り切る野球を徹底していた。投手力＋守備力重視の細かい野球。私たち選手は「森先生の言う通りにやっていれば勝てる」と思っていつもプレーしていた。私の野球観のベースには、間違いなくこの頃に教わった「森野球」が根付いている。

先述したように、私は大の練習嫌いだったため中学でもピッチャーはやらず、最初はファーストやサードを守っていた。しかし、同学年のエース候補だった選手が故障してしまった。そこで新チームとなる中学2年の秋に、私はピッチャーをやらざるを得なくなった。

当時、球速では私が横浜市内のピッチャーでは一番速かったと思う。しかし、私の他に強豪チームと張り合えるようなピッチャーがチーム内にはおらず、3年生になってからの最高成績は市大会ベスト8で、目標だった県大会出場は達成できなかった。

当時の私は、小学生時代に甲子園で活躍する東海大相模の原辰徳さんを見ていたから、高校もできれば東海大相模に行きたいと考えていた。

中学2年の時に甲子園で全国優勝したのは横浜だった。その時のキャッチャーが永田オックス、永田中学で私の先輩（3つ年上）だった片平保彦さんで、片平さん以外にも永田中出身者が2名ほどベンチ入りしていた。

そんなこともあって、森先生は当時私に横浜への進学を勧めていた。でも、私は東海大相模に憧れていた。ちなみに原貢監督は辰徳さんの進学とともに大学野球部の監督をしていたが、私が中学3年の時に東海大相模監督に復帰していた。これも後になって考えれば運命的な巡り合わせである。

中学3年の最後の大会の前に、私が「東海大相模に行きたいです」と森先生に話すと、森先生は「県大会に出ればきっと原監督が試合を見に来る。そうすれば絶対に声がかかるから」と言ってくれた。しかし、先ほども述べたように私たちは市大会準決勝で敗れ、県大会出場はならなかった。

東海大相模進学の夢を絶たれた私は当初、歩いて通える距離にあったY高（横浜商）に進学しようと思っていた。ところが初秋のある日、森先生が「東海大相模の練習の見学に行ってこい」と私に言ってきた。「えっ、東海大相模は行けないんじゃないの？それなのに、なんで森先生は見学に行けと言うのだろう？」と疑念を抱きつつ、私は東海大相模へと赴いた。

原貢監督に「お前、ちょっと投げてみるか？」と言われ……

永田中学から徒歩と電車でおよそ2時間弱。やっとの思いで着いた東海大相模（最寄り駅は小田急相模原駅）の第一印象は「遠いな」ということだった。

放課後の練習が始まろうかという時間だった。駅から学校へ歩いている途中、曇天の空から雨粒がポツポツと落ちてきた。

校門を通り、立派なグラウンドに直行するが選手の姿は見えない。「雨だからグラウンドにいないのかな?」。センターの奥に室内練習場のような建物が見えたのでそこへ行くと、先生らしき人が中から出てきた。その先生は、野球部の部長である田倉雅雄先生だった。

田倉先生に案内されて室内練習場に入ると、そこには甲子園のテレビ中継で何度も見た原監督がいた。永田中から来たことを告げると、原監督は「おお、森先生のとこか。よく来たな」と満面の笑みで迎えてくれた。

永田中野球部での戦績など、いろいろと話をしているうちに原監督から「お前、ちょっと投げてみるか?」と聞かれ、私はこともあろうに「いや、いいです」と言ってしまった。野球道具も何も持たず、制服で訪れていたため思わずこの言葉が出てしまったのだが、憧れの高校、しかも原監督から直接言われているのにあり得ない返答である。

しかし、原監督は「ユニフォームもスパイクもグローブも全部貸してやるからやってみろ」と言ってくれた。

着替えが済むと、私は小雨が降るグラウンドでまず50m走のタイムを計った（確か6秒5だったように記憶している）。そして、その後室内練習場に戻り、ブルペンでピッチングをすることになった。

私は、硬球を握るのはこの時が初めてだった。

「これが硬球か」

軽くアップをしていざキャッチャーが座る段になると、様子見でバッターボックスに選手が立った。その第一球、私はその選手にいきなりデッドボールをぶつけてしまったらしい。

「らしい」というのは、私がそのことをまったく覚えていないからである。バッターボックスに立ってくれたその先輩は今でもOB会などで会うと、第一球のことを笑って話す。しかし、その時の私は緊張していて、無我夢中で投げていたのだろう。自分がどんなピッチングをしたのかはまったく覚えていないのだ。

唯一、鮮明に覚えているのはピッチングが終わった後、原監督から学校の成績を聞かれ、だいたいの内容を伝えると「わかった。お前、うちに来い」と言ってもらえたことである。私は天にも昇る気持ちで帰路に就いた。

明くる日、私は喜び勇んで職員室に行き、森先生に原監督から勧誘された話をした。すると森先生は「バカ野郎、そんなの社交辞令に決まってんだろ」とまったく相手にしてくれない。それどころか「こっちには何の連絡も入ってねえよ。ダメだよ、ダメ」と冷たくあしらわれてしまった。

「行けって言ったのは森先生だろ！」と怒りを覚えつつ、「やっぱりダメか」とショックでもあった。でも、いつまでも沈んだ気持ちでいてもしょうがない。切り替えの早いのが私の取柄である。私は、第二希望であったY校を再び目指すことに決めた。

「Y校に行くぞ！」

そう心に決めた次の日、森先生から職員室に呼び出しがかかった。職員室に行くと、森先生はこう言った。

「お前、相模行け」

「はい？」

私は、森先生の発した言葉を瞬時に理解することができなかった。状況を飲み込めていない私を見て、森先生は「昨日あの後、原監督に連絡したんだ。ちゃんと確認したから、相模に行っていいぞ」と説明してくれた。

しかし、当時東海大相模に推薦で受かるには、学力試験でもしっかりと点数を取らなければならず、オール4くらいの学力が必要だった。担任の先生に「東海大相模、大丈夫ですかね?」と確認すると「五分五分だな」との返答。その日からは「東海大相模合格」を目指し、受験勉強に励んだ。

正確な時期は覚えていないのだが、この頃横浜の渡辺監督が我が家にやって来た。渡辺監督は熱意をもって「若林君、うちに来ないか」と誘ってくれた。名監督が直々に訪ねてきてくれたのだから、私の気持ちもだいぶ揺らいだ。しかし、悩んだ末に私はやはり、幼い頃からの憧れだった東海大相模に行くことに決めた。

東海大相模に入学
——名将・原貢監督との思い出

受験勉強をがんばった甲斐があり、私は憧れの東海大相模に合格した。当時の原監督は40代中盤。監督として、もっとも脂の乗っている時期だったといえよう。原監督は1965年に三池工(福岡)という無名の高校で全国制覇を成し遂げ、その後は東海大相模で8回甲子園に出場し、優勝1回、準優勝1回を記録。全国に名を馳せる名将だけに、私が東海大相模に入学した時もその存在感は別格だった。

練習は当然厳しかった。練習嫌いの私でも東海大相模、しかも原監督の下では必死にやらざるを得ない。1年の春からベンチ入りを果たしたものの、エースになったのは3年最後の夏の大会でのことだった。

2年の夏（1983年）、東海大相模は5回戦で法政二に敗れ甲子園出場はならなかったのだが、この大会を機に原監督は退任された（翌1984年から東海大系列校野球部総監督に就任された）。

原監督の後を受けたのは、部長だった田倉先生である。当時のチームにはエース格の藤本健治（1984年にドラフト6位で読売ジャイアンツに入団）がおり、私は2番手という扱いだった。

3年生になるまで、私は打撃がよかったので5番・ライトで試合には出ていた。今振り返ると、私にとってこの野手経験はとてもよかった。あの頃の私は典型的な投手タイプの性格。周囲のことなどあまり考えず、自分さえよければいいというプレーをしていた。ところがライトを守ったことで、野手の気持ちがとてもよくわかるようになった。

四球を連発したり、自分勝手なピッチングをしたりしているピッチャーを後ろから見ていて、「ふざけんな」と思うことが度々あった。そしてある日ふと「あ、そうか。俺も今まであいうピッチングをしていたんだ」と気付き、以降は独りよがりのピッチングを改め、チームとして勝つためのピッチングに徹するようになった。

3年の夏の大会前、藤本が故障したため、私がエースナンバー「1」を背負うことになった。

田倉体制で臨んだ私にとって高校最後の夏。その年の優勝候補は法政二と東海大相模の二校だった。ところが、それまでさんざん苦杯をなめさせられた法政二が、3回戦でなんと当時まだまったくの無名だった桐光学園に負けた。私たちは宿敵ともいえる法政二敗戦の報に触れ「やった、今年こそ甲子園に行ける」と浮かれてしまった。

準々決勝の相手は公立の綾瀬だったが、隙だらけだった私たちは足をすくわれてよもやの敗戦。結局、私は高校時代を通じて春・夏・秋いずれの大会でも優勝することはできず（最高は1年・3年時の春ベスト4、2年秋のベスト4）、私の高校野球生活は幕を閉じた。

高校時代を思い返す時、やはり一番に浮かんでくるのは原監督である。原監督はグラウンドではとても厳しい人だったが、それ以外のところでは冗談なども言う面白い人だった。

当時、西武ライオンズの監督だった広岡達朗さんの著作を読んでいて、その中に「私が風呂に入っていると、そこに一緒に入ってくる選手と、まったく入ってこない選手の二通りがいた。私は風呂に入ってきた選手とはいろんな話をした」というようなことが書いてあった。その一文を読んだ時、私は「これだ！」と思った。東海大相模も寮生活だったので、監督も私たちと同じ風呂に入っている。思い立ったが吉日。私はその日から監督が風呂に入る瞬間を狙い、一緒に風呂に入るようした。

私たち選手にとって原監督は雲の上の存在である。ほとんどの選手が原監督とはタイミングをずらして入浴していた（それでもたまに、みんなが入浴しているところに原監督が突然入ってくることはあった）。

そんな状況にあって、私は原監督しかいない風呂場にひとりで乗り込んでいった。当時の東海大相模には「上級生から順番に風呂に入る」というようなしきたりはなく、誰でも自由に風呂に入ることができた。今思えば、寮生活がそういった風潮だったのも幸いした。

原監督は私を見てきっと、「ひとりで入ってくるなんて面白いやつだな」と思ってくれたのだろう。何度か一緒に湯船に浸かっているうちに、いろんな話を私にしてくれるようになった。

風呂場で話す内容は野球のこともあれば、それ以外の他愛ない話もあった。私が試合で負け投手となり、グラウンドで監督からこっぴどく怒られた後でも、私は一緒に風呂に入った。すると監督はニコニコしながら「お前、今日はダメだったけど、次またがんばれ」と励ましてくれた。原監督との風呂場での思い出は「師匠と弟子」というより「親と子」の感覚に近い。意を決して原監督の懐に飛び込んでいったことで、私は監督の人としての温かさを知ることができた。

原監督と接したのは1年半という短い期間だったが、とても濃密な時間を過ごさせていただいた。試合だけでなく、日頃の練習やグラウンド整備の時でさえも気を抜かず、魂を込めて命懸けで野球に徹する心構えを一から教わった。

私が「原貢」になることはできないが、原監督に少しでも近づけるよう教わったことを忘れずに、これからも高校野球の監督として、そしてひとりの人間として精進していきたいと思う。

「大学でも野球をやっていいぞ」
――父親からの生涯唯一のやさしいひと言

高校3年の最後の夏の大会で綾瀬に負け、私たちの甲子園の道は閉ざされた。しかし、当時の強豪だった法政二や横浜、Y校に負けたのならともかく、公立校に負けての敗戦はなかなか私も受け入れることができなかった。まったくの不完全燃焼だった。

私の父はとても厳格な人で「野球なんかでは絶対に食っていけない。ちゃんと勉強をして、大学を出て就職しなさい」という考え方だった。だから、当然のことながら普段から「野球は高校まで」と言われていた。

しかし、中学、高校と野球を続けるうちに私の中にあった「プロ野球選手になりたい」という思いは消えることなく、というより年々その思いは大きくなっていった。甲子園への道は閉ざされたが、それでプロ野球選手への道も一緒に消えてしまったわけではない。私は「大学でも野球をやろう」と思っていた。ただ、それを実現するためには父親を説得しなければならず、それだけが私にとっての唯一の悩みの種だった。

夏の大会敗戦の日の夜、寮にいる私に父から電話がかかってきた（当時は携帯電話などない時代だったので、寮に備え付けの電話にかかってきた）。

綾瀬戦の話を少しした後、父が「お前、悔いが残ってるよな？」と唐突に聞いてきた。私は正直に「はい」と答えた。すると父はこう言った。

「わかった。大学でも野球やらしてやるわ」

厳しい父だったので、私は生涯にわたって父からやさしい言葉をかけられた記憶がない。「大学でも野球をやっていいぞ」と許可されたこの言葉が、私にとって父からかけられた唯一のやさしい言葉である。

父は千葉・勝浦出身で当時は中卒で就職するのが当然の中、高校に進学して卒業後一旦就職するものの、「やはり大学で勉強したい」と浪人生活をして電気系大学に合格。大学卒業後は大手部品メーカーに就職し、系列会社の役員にまで昇りつめた。そんな苦学の人であるから、私も幼少時から「しっかり勉強して、まっとうな会社に就職しろ」と育てられた。

小・中学生時代は父に勉強もよく見てもらった。しかし、簡単な問題が解けないと「こんなのもわからんのか！」と罵声とともに拳が飛んでくる。褒められることなどまったくなく、怒られるのが当たり前。子供時代はそんな境遇だったので私は父が大嫌いだった。

東海大相模は寮生活だったので、父と顔を合わせずに済む。だから練習はきつかったが、精神的にはとても楽だった。

東海大相模のグラウンドで練習試合などがあると、父はたまに観戦に訪れた。他の選手たちは応援に来た親と試合後、笑顔で会話をしていた。しかし、父はいつも私と会話することなく帰っていった。ただその代わり、毎回寮に手紙を置いていくのが慣例となっていた。

父の置き手紙には私を叱咤するようなことは書いておらず、試合の感想や激励の言葉が並んでいた。当時は父に反抗心があったため、それらの言葉を素直に受け取ることができず、ほとんどの手紙は捨ててしまった。手紙のうち何通かは取ってあるものの、今思うとすべての手紙を取っておかなかったことがとても悔やまれる。

父親としての父は大嫌いだったが、男としての父はとても尊敬できる人だった。私も人の親となり、父の言っていたことが今さらながら身に染みる時がある。

高3の夏に父の残した唯一のやさしいひと言があって、私は大学でも野球ができることになった。

東海大学3年時に肘を手術

今でこそ、東海大相模の野球部員は全国のいろんな大学に進学しているが、私の時代は大学で野球をやろうとする人間は各代で平均1～2名しかおらず、進学先も東海大の一択だった（社会人野球に進む部員も少なかった）。父に進学を許された私は、東海大を目指して再び受験勉強をすることになり、めでたく東海大文学部に合格。岩井美樹監督（現国際武道大学野球部監督）の下で野球をすることになった。

入学した当時の東海大は投手陣が充実していた。エース格として4年生の関根勝美さん（朝日生命）、2年生の荻原満さん（1987年にドラフト外で読売ジャイアンツに入団）、さらにその他にも後に日立からプロ入りを果たす（後述）酒井勉さん（当時4年生）などもおり、投手陣は盤石の態勢だった。

そんな陣容だったため、1年時は秋にベンチ入りこそできたものの、公式戦での登板はなかった。

2年の春になってやっと主力投手陣の仲間入りを果たし、幸いにも防御率0.00で最優秀投手賞を獲得することができた。この時は肩、肘ともに調子がよく、「あと何回最優秀投手賞が獲れるかな」と思ったりもしたが、その後3年生の時に肘を故障するなどして再び最優秀賞を獲ることは叶わなかった。

3年生の春は登坂こそしたものの、肘の不調で勝つことはできず0勝1敗。その後、手術をしたため3年時は0勝だった。

当時は今のように肘の手術は一般的ではなく、有名な選手で肘の手術から復活を果たしたのは村田兆治さん（元ロッテオリオンズ）くらいのものだった。だから私も、肘を手術することに躊躇がなかったわけではない。しかし、最初は効いていた痛み止めの注射もだんだんと効かなくなり、痛みは日々増していった。そこで医師と相談の上、肘関節遊離体（いわゆる関節ネズミ）を除去する手術を行うことにした。

手術が終わった直後、私の両親は医師から「野球で生きていこうとか、あまり考えないほうがいいかもしれません」と言われたそうだ。しかし、その後のリハビリとトレーニングがうまくいき、4年生になると肘に多少の痛みと違和感はあるものの、それなりのボールが投げられるまでに回復した。

4年生の春の時点では、まだ納得のいくボールは投げられなかったが、リーグ戦で3勝（1敗）を挙げることができた。そして夏を経て大学最後のリーグ戦となる秋、地道な努力の甲斐あって春を上回る5勝2敗の成績を収めた。

秋に復活を果たしたものの、球威は完全には戻っておらず、プロから声がかかることもなかった。

恩師の教え
――教えない勇気を持て

高校まで、原貢監督を筆頭に厳しい監督の下で野球をしてきた私だが、岩井監督は中でもトップクラスの厳しさだった。

岩井監督は1981～1988年まで東海大の監督として首都大学野球リーグ戦で133勝を記録。その後1988年秋に国際武道大に移り、千葉県大学野球リーグで2017年に通算486勝を挙げ、それまで大学野球リーグ戦監督勝利数1位だった松田博明元近畿大監督の618勝を抜き、最多勝利監督となった（その後も岩井監督は記録を伸ばし続けている）。

私が大学に入学したばかりの頃、岩井監督はご結婚をされた。お相手は読売ジャイアンツの元監督である藤田元司さんの娘さんだった。そのご縁で私は大学時代、幾度となく藤田さんから指導を受けることができた。

当時、私は二段モーション気味のフォームだったのだが、藤田さんからあるアドバイスを受けてフォームがスムーズになり、投げるボールの質が劇的に向上した。

藤田さんのアドバイスは、こういうものだった。上半身と下半身をヘソのあたりで輪切りにしたと仮定する。その接地面には油が引かれている。要はちょっとでもバランスが崩れれば、上半身が滑り落ちてしまう状態である。この状態から、上半身が滑り落ちないように、接地面が地面と平行の状態をキープしつつ投げる。このフォームを実現するためには、上げた足をスムーズに下ろさなければならない。この感覚を取り入れたことで、私はどうすればキレのあるボールが投げられるのかを頭と体で理解した。

岩井監督は銚子商の出身で斎藤一之監督の下、高校3年の夏（1983年）に甲子園に出場している（江川卓擁する作新学院と延長12回を戦い、勝利した時のメンバーである)。その後進学した東海大では、4年の時に原貢監督が息子の辰徳さんとともに大学にやってきたので、原監督とも1シーズンをともに過ごしている。

岩井監督は当時、銚子商の斎藤監督は1対0で守り勝つ野球、東海大の原監督は打ち勝つことを目指す攻撃的野球だとよく仰っていた。4年間、私が岩井監督の下で野球をした感覚からすると、岩井監督の野球は斎藤監督と原監督の野球がうまく融合されたものだったように思う。投手力と守備力を重視しつつ、1点を取りにいくのにスクイズをしたり、エンドランをしたりといろいろな仕掛けや戦術を用いる監督だった。

普段の岩井監督は、私たちにああしろ、こうしろと細かい指導はあまりしなかった。ブルペンで、投手陣のピッチング練習を長い時間じっと見ていてもまったく何も言わない。私たち選手は、監督の無言のプレッシャーを感じながらいつも練習していた。

岩井監督があまりに何も言わないものだから、入学当初は「ちゃんと見てるのかな?」と疑心暗鬼になったりしたこともあった。しかし、年に何回か、監督は全選手と個々に面談を行い、そこで気付いたことなどを選手に伝えていた。私もその面談でフォームの修正点などを細かく指摘され「監督は、そんな細かいところまで見ていたのか」と驚くこともしばしばだった。

岩井監督の指導の真意を理解したのは、私が東海大菅生の監督に就任した時のことだった。「監督に就任します」と挨拶に伺ったのだが、その際に岩井監督からかけられた言葉が今でも私の指導の指針となっている。それは、

「教えない勇気を持て」

という言葉だ。

どのようなスポーツであれ、指導者は選手にいろいろと教えすぎてしまうものである。それは、少年野球でも高校野球でもプロ野球でもまったく変わらない。自分の経験や知識を選手に伝えるために、いろいろと教えたくなる気持ちは私も理解できる。しかし、その指導が細かくなればなるほど、その真意を選手に伝えるのは難しくなる。本当の指導というものは、選手一人ひとりに合った教え方をしていかなければならない。そして何より、選手の心技体を向上させるためには、選手自身が「自分は何をすべきか」に気付くことが重要である。選手のそんな自主性を育むためにも、指導者の「教えすぎ」は禁物なのだ。

プロ野球でもドラフト上位で期待されて入団してきた選手が、その後たいした活躍もせずに引退していくというパターンは多い。新人の選手、とりわけドラフトを騒がせた

選手ほど、入団後にいろんなコーチ、あるいはOBからああでもない、こうでもないといろんな指導、指摘をされがちである。そして真面目な選手ほど「はい」「はい」とすべてを受け止めて、対処しようとする。その結果、将来有望だった選手が本来の自分のフォームを見失い、持てる力を発揮できないまま、プロ野球界を去っていくことになってしまうのだ。

私もプロ野球界に身を置き、そんな選手をたくさん目にしてきたし、「このコーチの教え方はどうなんだろうか?」と疑問を抱くことも数多くあった。高校生を教える立場になった今、岩井監督からいただいた「教えない勇気」を肝に銘じて、いつも選手たちと接するようにしている。

社会人野球・入社初日にケガをして総スカン

大学から念願のプロ入りを果たすことはできなかったが、私は「プロ野球選手になる」という思いを変わらず抱いていた。

4年生になって社会人野球の強豪である日産自動車と日立製作所から話をいただいた。父から「車だけの日産より、いろいろと事業展開している日立のほうがいい」という助言もあり、私は日立に入社することにした。

当時、日立には東海大の先輩である酒井勉さんが在籍していたが、私が入社する前年のドラフトで当時のオリックス・ブレーブスから1位指名されてプロ入り。私は酒井さんの後釜として（かなり期待されて）平成元年（1989年）、日立に入社することになった。

今でも忘れもしない、入社初日。その日は雨が降っていたため、野球部の練習は雨天練習場である体育館で行われた。

練習の一環としてバドミントンをしたのだが、私は調子に乗ってラケットをフルスイングしていたところ、肩の筋が「ブチッ」と弾けた。日立製作所野球部の新星として期待されて入社したのに、あろうことか入社初日に野球ではなくバドミントンで肩を故障。以降、野球部の山田智千《としゆき》監督やメンバーからは総スカン。社内でも白い目で見られる日々が続いた。

病院でMRIを撮ったところ、烏口肩峰靭帯を痛めていることがわかった。医師からは手術を勧められ、メスを入れることに最初は躊躇したのだが、結局私はその意見に従うことにした。

手術日が決まったことを山田監督に告げに行ったところ、それまで私にまったく興味を示していなかった監督から「肩を手術した投手で、その後まともに復活できたのなんていないだろう。手術はやめておけ」と真剣な顔で諭された。私はその鶴の一声で手術するのをやめた。

当時の肩の手術は今のように進歩しておらず、プロ野球でも復活を遂げた投手は少なかった。今、冷静に振り返れば、あの時手術をしていたら私はきっとプロ野球選手にはなっていなかったと思う。山田監督は、私の野球人生においてまさに大恩人なのだ。

何を隠そう、現在の私の監督としてのベンチスタイルは、山田監督を見本としている。山田監督は普段とても短気な人なのだが、試合になるとそれを一切表情に表さない。勝っていようが、負けていようが、表情が変わらない。試合中に声を荒げることもない。正直に申せば、私は今でも試合中に選手を怒鳴ることがある。でも、なるべくベンチでは山田監督のようにありたいといつも思っている（とくに公式戦は）。

実は私の「叱って伸ばす」指導法は、山田監督からの影響がもっとも大きい。それに関しては次章で詳しくお話ししたい。

社会人3年目で活躍し、念願のプロ野球へ

肩の故障は癒えつつあったものの、日立2年目もそれほどの活躍はできずに終わった。記憶に残っているのは、6月の都市対抗茨城県予選の決勝で、ピッチングコーチに登板を直訴して完投勝利を挙げたことと、その後の都市対抗本戦でチームがベスト8進出を果たしたことくらいである。予選決勝の前にコーチに登板を直訴したところ、コーチから「お前、これで打たれたらクビだからな」と言われ、私は「いいですよ、クビで」と答えた。腹をくくり、開き直ったことが、いい結果に結びついたのかもしれない。

3年目になると先輩投手たちが次々とチームを去っていき、気付けば私が投手陣を引っ張っていかなければならないポジションになっていた。

春先のオープン戦前、ピッチングコーチが対戦予定表を投手陣に示しながら、「どの試合で投げたい？」と聞いてきた。私は間髪入れずに「日石で投げたいです！」と答え

た。当時の社会人野球で、トップレベルの強さを誇っていたのが日石（日本石油、現ENEOS）だった。もっとも強いチームとやって自分の力を試してみたかったというのもあったが、日石にはプロレベルのバッターが揃っていたから「日石戦で打たれても恥ずかしくないな」というのが本音である。

そして迎えた日石戦。なんと私は大方の予想を覆し、1-0の完封勝利を挙げた。日立に入社してから、初めて自分の心技体が一致した試合だった。この勝利のおかげで、私はチーム内でもエースとして認められるようになった気がする。

その後、東京スポニチ大会において、初戦がJR東日本だったのだが、私は先発して2失点するものの打線が奮起してくれて、完投勝利を挙げることができた。JR東日本といえば、日本有数の名門チームである。そんな強豪を相手に完投勝ちを収めたため、この頃からプロ野球チームのスカウトが挨拶に訪れるようになった。

この年の都市対抗本戦も、我々日立は準々決勝に進出することができた。初戦の相手は、その年のドラフトで阪神から3位指名される左腕・弓長起浩擁する熊谷組で、優勝候補の筆頭だった。

この試合で私は7回裏2アウト、ランナー二塁でリリーフとして登板した。監督から

「大丈夫だろうな」と聞かれて「大丈夫です！」と大見得を切ってマウンドに向かった。そのまま試合は進み、9回裏2アウト、ランナー一塁の場面で3ボールとなった。ふとベンチ方向を見ると、ファウルグラウンドで先輩投手がキャッチボールをしていた。監督が代えのピッチャーを用意していることに気付き、私は激しい怒りを覚えた。そのせいかコントロールが定まらず、バッターをフォアボールで出塁させてしまった。すると、監督やコーチが私を代えようとベンチ内で動き出した。そこで私は、マウンドに来ようとする監督に向けてグラブを突き出し、「来るな」と意思表示をした。

監督に対して無礼極まる態度だが、血気盛んだった当時の私はいつもこんな調子だった。私の動きで監督の足は止まり、そのまま続投。私は次打者をサードゴロに打ち取り、最終的に試合にも勝利し、日立は2年連続のベスト8進出を果たした。

このような結果を受けて、ドラフト前にプロの6球団が挨拶をしに来てくれた。ただ、熱心に足繁く通ってくれるようなチームはそれほどなく、私としては「順位にかかわらず、どこかが指名してくれたらいいな」くらいの感覚だった。

ドラフト会議当日はテレビで中継を見ていた。3位までの指名が済むとテレビ中継も終わってしまった。「若林弘泰」の名前が呼ばれることはなく、「果報は寝て待て」ということで私は寮の自室で寝ていた。

うとうとしかけた時、部屋の外から後輩の「若林さん、中日4位です！」という大きな声が聞こえ、私はベッドから飛び起きた。

「ついにプロ野球選手になれる！」

うれしかった。喜びで思わず意味をなさぬ声で叫んでしまった。ただ、中日ドラゴンズのスカウト担当者が挨拶に来たのは一番後だったので、中日からの指名は正直意外でもあった。

ドラフト後、山田監督と私、そして私の両親とで食事をする機会が設けられた。私の父は喜んでもいなければ、おめでとうのひと言をかけられることもなかった。挙句の果てには、監督に向かって「父親として、本当はプロ入りには反対です。日立にいたほうが弘泰にとって絶対にいいと思っています」と言い出す始末。父は私がプロに行っても大成するとは思っていなかったようだ。

プロ入り後も父からは「俺の稼いだ金と、お前の稼いだ金は違う。俺のは汗水垂らして地道に稼いだ金。お前のはあぶく銭だ。宝くじに当たったみたいなもんだ」とよく言われた。私は父からそう言われても、特別怒りのようなものは湧いてこなかった。それよりも「確かにそうかもな」と妙に納得したことを覚えている。これも、厳格だった父のキャラクターをよく表したエピソードだと思う。

当時のドラゴンズには一流のピッチャーばかり

私が指名された1991年のドラフトの同期には、イチロー（オリックス4位）や金本知憲（広島4位）、中村紀洋（近鉄4位）、桧山進次郎（阪神4位）らがいる。この年、ドラフト1位で最多指名を受けたのは若田部健一で、4チーム競合の末ダイエーが指名権を獲得した（その他には田口壮〈オリックス〉、斎藤隆〈大洋〉も2球団から1位指名を受けた）。

この年のドラフト指名選手を見渡してみると、上位で指名されたからといって必ずしも活躍しているとは限らず、逆に下位指名で大成した選手が多い。こういった状況は今でも変わらず、選手の将来を見抜くこと、そしてプロ野球界で生き抜くこと、それぞれがいかに困難かを物語っているように思う。

私が中日ドラゴンズに入団した1年目（1992年）、監督は就任1年目の高木守道さんだった。高木監督はその後4年間監督を務めたが、1995年に成績不振の責任を取ってシーズン途中で辞任を表明。翌1996年からは星野仙一監督が二度目の中日監督に就任した。私はふたりの監督の下でプロ野球選手として、計6シーズンをプレーしたことになる。

プロ野球ファンの方々は、熱血漢の星野監督のほうが短気だとお思いだろうが、実は高木監督のほうが気が短かった。表立った喜怒哀楽が少ないため高木監督は温厚に見られがちだが、とても短気な人だった（とはいえ、私も1軍生活は短かったので、それほど深い交流があったわけではないが……）。

当時、キャンプなどで一流のピッチャーたちの投球をブルペンで間近に見て、勉強になることがたくさんあった。しかし、大学、社会人の野球も経験していたので、彼らの投げるボールを見て驚くようなことはあまりなかった。

そんな中でもふたりだけ、「すごいな」と思うボールを投げるピッチャーがいた。ひとりは韓国から来たソン・ドンヨルさん。彼の投げる球は実に速かった。当時の中日にはベテランの小松辰雄さん、郭源治さん、私よりひとつ年上の与田剛さんといった速球派のピッチャーがいたが、速さではソンさんがナンバー1だった。

もうひとり、その投げるボールに度肝を抜かれたピッチャーがいる。それは私が入団した時にプロ入り3年目だった今中慎二である。彼はとてもゆったりしたフォームから、抜群のキレのストレートを投げた。ソンさんが150キロを投げるフォームで150キロのボールを投げているとすれば、今中は120キロのフォームで140キロ台後半のボールを投げた。彼が1993年に最多勝利・最多奪三振、さらに沢村賞を獲得できたのは、あのフォームとストレートがあったからだと思う。

プロとして6年間プレーし、もっともすごいと思ったバッターは他でもない、落合博満さんである。

落合さんは1993年まで中日にいたので、キャンプのシートバッティングなどで対戦することができた。また、落合さんが巨人に移籍した後の1995年、私は1軍昇格を果たして東京ドームで落合さんと勝負する機会を得た（落合さんはきっと覚えていないと思うが）。

みなさんもテレビなどで落合さんの構えを見て、「いかにも打ちそうだ」と思ったはずである。それが実際に18・44メートルの距離から見ると、その威圧感たるや他のバッターの比ではない。試合前にスコアラーとミーティングをしても「落合には投げるところがない」と言われることもあった。バッターボックスに立った時のオーラがあまりにすごいので、落合さんが際どい球を見逃すと、球審も思わず「ボール」と言ってしまう。プロ野球史上唯一の三度の三冠王を達成した大打者を私が評価するのも何だが、落合さん以上のバッターはいないと思う。

スイングスピードという点では、1995年に1シーズンだけ一緒にプレーしたメル・ホールさん（千葉ロッテマリーンズから移籍）がすごかった。彼のバッティングピッチャーを何度かしたが、他のバッターであれば「見逃したな」というタイミングからバットが出てきて、火を噴くような当たりを放つ。「これがヤンキースで4番を打っていた選手のスイングか」と圧倒されたことをよく覚えている。

プロ野球でもケガの連続
――3年目に何とか復調

学生時代に肘を痛め、社会人時代には肩を故障した私だが、プロ入り後も肩痛に悩まされることになった。肘を痛めた選手は、肘を鍛えるため肘は強くなる。しかしその分、負担が肩に来る。同期入団の落合英二も肘を手術した後は肩痛に悩まされていた。

1年目のキャンプは1軍帯同（オーストラリアのゴールドコースト）だった。この時すでに肩に痛みはあったのだが、それでもだましだまし投げることはできた。

しかしその後、肩の痛みは激しくなったり、治まったりを繰り返すばかりで、いろんな治療やトレーニングを施したが一向によくなる気配は見られなかった。

2年目も肩の調子は上がらず、シーズンを通じて2軍暮らし。今思えば2年目のオフによくクビにならなかったと思う。

復活の兆しが見えたのは3年目になってからだった。肩の状態が徐々によくなり、ほぼ痛みを感じることなく投げられるようになった。

ところが、である。自分の体調もピッチングも上々なのに、1軍、2軍ともに投手陣が万全の状態だったため、私は1軍に上がれないどころか、2軍での登板もままならない状況だった。2軍の試合前の練習中、コーチから「今日はバッティングピッチャーを頼む」と言われるのだが、それは実質「今日の登坂はない」ということを意味していた。

調子はいいのに自分の力を発揮する機会になかなか恵まれず、フラストレーションは溜まる一方だった。

プロ野球の世界は、夏の終わり頃から翌シーズンに向けた人員整理が始まる。それほどの登板もなく、成績も残せていない私はその頃になると「俺もいよいよここまでか」とあきらめの境地に達していた。「もし次の登板があったら、それが最後だと思って楽しもう」。そんなふうに思っていた。

何の欲も、守るものもなく、野球というスポーツを純粋に「楽しもう」と思ったのがよかったのだろうか。久々に巡ってきたリリーフ登板で好投した私は、その後ファームの投手陣にケガ人が相次いだことなどもあってリリーフでの登板が続き、いずれも好投。そして気付けば、抑えの切り札的な存在となっていた。

あまりの調子のよさに、コーチたちからも「若林、このままいけば1軍から声がかかるぞ」と言われたりもした。だがその年、ドラゴンズはジャイアンツとシーズン終盤まで激しい首位争いを繰り広げていた。そう、今でも「10・8決戦」として語り草になっているあの年である（ドラゴンズとジャイアンツは同率首位のままシーズン最終戦を迎え、ジャイアンツが勝利してリーグ優勝を果たした）。

そんな緊迫したシーズンの終盤に、1軍経験のないピッチャーが呼ばれるわけもなく、結局私は絶好調のまま3年目のシーズンを終えた。

夏の頃の状況が続いていたら、私はきっと3年目でクビになっていただろう。しかし、シーズン終盤の活躍もあって私はオフに1軍の秋季キャンプに呼ばれ、首の皮一枚のところで何とか持ちこたえた。

プロ入り4年目で悲願の初勝利!

好調を維持したまま私は4年目を迎え、4月下旬に上から声がかかり1軍に合流。そこで、ついに私は1軍初登板を果たす。忘れもしない1995年5月13日、ホーム(ナゴヤ球場)での阪神タイガース戦。2アウト満塁からの登坂で1失点(自責点0)はしたものの、乱打戦の中での登板だったこともありそのまま1軍に残ることができた。

その次に登板した広島カープ戦もよく覚えている。当時のカープは強力打線を誇っていたが、大差でドラゴンズが勝っていたため私は最終回に登板を命じられた。大差があるといっても、1軍昇格後間もない私に余裕などあるはずもない。しかも打順は4番の江藤智からである。だが、幸いにも江藤、続く5番・金本を連続三振に取るなどして私はチームの勝利に貢献することができた。

この年は1軍昇格後、二度ファームに落とされた。三度目の1軍登録となった夏、やっとのことで私はプロ入り初勝利を挙げることができた。

私のプロ時代の最初で最後の勝利。それは8月10日、東京ドームでのジャイアンツ戦だった。あの日のスタメンとスコアはこんな感じである。

1-1の同点で迎えた8回裏、2アウト・ランナー三塁。次のバッターは4番・落合さえというところでなんと私に出番が

TEAM	1	2	3	4	5	6	7	8	9	10		R	H	E
中日	0	0	0	0	0	1	0	0	0	8		9	8	1
巨人	1	0	0	0	0	0	0	0	0	0		1	8	1

ドラゴンズ	
8	山口
6	種田
4	立浪
7	山崎
3	大豊
5	仁村
2	中村
9	清水
1	落合

8月10日
20回戦
東京ドーム
55,000人

ジャイアンツ	
8	マック
6	福王
9	松井
3	落合
7	広沢
5	後藤
4	元木
2	村田真
1	川口

回ってきた。

塁はふたつも空いている。プロ野球界を代表する最強バッターに対して、無理に勝負に行く場面ではない。「際どいところを突いていけ」と島野育夫監督代行に指示された通り、初球にアウトローを投じた。私にとっては渾身の一球だったがこれがボールとなり、落合さんのすごさとプロ野球界で生きていく厳しさを改めて思い知った。

敬遠気味で落合さんを歩かせ、続くバッターはジャイアンツ移籍1年目の5番・広沢克己さん。私は広沢さんを2球で追い込んだが、その後ファウルで粘られる。塁はまだひとつ空いているから、私は広沢さんに対して際どいところを攻め続けた。結果、広沢さんも歩かせることになり、2アウト・満塁。バッターは6番・後藤孝志。「東京ドームが揺れてるんじゃないか?」と思うほどにスタンドは盛り上がっていた。

1対5万5000人の完全アウェイ状態の中、私は後藤の初球にスライダーを投じた。アウトコース、ギリギリのボールだった。後藤のバットが寸前のところで止まる。落合さんの時のように「ボール」と判定されるかと思ったが球審の右手が高々と上がった。この初球のストライクで私はだいぶ落ち着くことができて、根拠はないが「抑えられる」と確信した。結果、後藤をセンターフライに打ち取り無失点。あとは紹介したスコアの通り、10回表に打撃陣が大量得点を挙げ、ドラゴンズが延長戦の末に勝利を収めた。そして、私はプロ入り4年目にして待望の初勝利を手にしたのである。

ちなみに私のプロ通算成績は1勝1敗だが、その1敗はこの初勝利の次の日のジャイアンツ戦で記録したものだ。初勝利の直後に初負け。これも何だか私らしい記録ではないだろうか。

星野仙一監督の下、プロ6年目に引退を決意
——プロでの経験が今の指導に生きている

星野監督が二度目のドラゴンズ監督として復帰したのは、私が初勝利を挙げた次の年で、プロ入り5年目(1996年)のことだった。

私がプロ野球を引退するのは6年目のことだから、星野監督の下で野球をしたのは2シーズン。その2年間もずっと1軍にいたわけではないので、星野監督と接することができたのはキャンプ中が一番長かったといえるかもしれない(後述するが、星野監督には現役中より引退後のほうがとてもお世話になった)。

引退を決意したプロ入り6年目の1997年は、ドラゴンズの新たな本拠地としてナゴヤドームが開場した記念すべきドーム元年だった。チーム自体もドラゴンズの新たな時代を築こうと、若い世代へと切り替えを進めている最中でもあった。30代となっていた私は、チームのそんな気配を察し、己の潮時を感じざるを得なかった。

6年目のシーズン終盤、引退を考えていることを当時ヘッドコーチの島野さんに伝えた。すると島野さんは「お前はまだできる」と、他チームのテストを受けられるよう段取りまで組んでくれた。

島野さんが言ってくれたように、あの時の私ならまだできたかもしれない。しかし、私の心の中に自分を奮い立たせるような情熱はもう残っていなかった。ケガを克服するためにたくさんのリハビリ、トレーニングを積んできた。1軍に上がるための努力は誰よりもしてきたという自負もあった。「もう俺はやり切った」という思いのほうが強く、引退することに悔いはまったく感じなかった。だから、本当に引退が決まった時も、私の目に涙はなかった。

実働6年、プロでのピッチャーとしての成績は1勝1敗。プロ野球選手としてたいした実績を残すことはできなかったが、球界最高峰のレベルを肌で感じることができたのは、私にとってかけがえのない財産になっている。私が授業で教えている日本史的にいえば、プロのレベルを知っているかいないかは、幕末に世界を見た大久保利通と見なかった西郷隆盛の違いくらいの差があると思う。

プロ6年間でもっとも痛切に感じたのは、1軍と2軍のマウンドの違いである。2軍では絶好調でも、1軍のマウンドでその力を発揮できない。1軍と2軍のレベルが違うのは当然だ。でも、私が1軍で結果を残せなかった理由はそれだけではなかった。1軍のマウンドに上がると、結果を求めて余計なことをいろいろと考えてしまった。社会人野球まで強気一辺倒でやってきた私だったが、持ち味ともいえるその強気がプロの1軍ではまったく発揮できなかった。

マウンドで「1軍の選手はすごいから、もっとすごいボールを投げないとダメだ」とか「1軍に残るためには結果を出さないといけない」などと余計なこと、あるいは邪なことを考え出すとコントロールは狂い、本来の自分のボールが投げられなくなる。

私はプロ野球を経験したことで、ピッチャーの怖さを知った。だからマウンドの上で、弱気になってしまう選手の気持ちが痛いほどわかるようになった。

強気の選手も弱気になってしまう選手も、その両方の気持ちがよく理解できるようになったのは、プロでの経験があるからだ。プロ野球選手としてこの身で学んだことが今、高校野球監督としての指導に生かされているのは間違いない。

高校野球の監督になろうと思ったきっかけ

引退後、星野監督のアドバイスなどもあり、私は佐川急便に入社した。ここでは配送の仕事をしつつ、軟式野球部の一員としてプレーしていた（軟式野球部では全国大会や国体にも出場した）。

佐川急便でお世話になっていた人が独立し、運送会社を作るというので私も一緒にその会社の立ち上げからお手伝いをした。運送の仕事は、取引先から顎で使われるようなことが度々あった。横暴な態度で接してくる取引先も多かったが、佐川時代から運送の仕事に携わった5年間で、私は一社会人としていろんなことを勉強することができた。

運送会社で働いている時、高校時代から懇意にしていた先輩の松田寛さんが監督を務めていた岐阜の私立高校に遊びに行く機会があった。

久しぶりに松田さんと会って飲むことが目的だったのだが、野球部の活動もちょっと見させていただいた。その野球部は全寮制で、グラウンドの横に寮が建っていた。その寮には松田さんの家族も住んでいた。家族ぐるみで野球部の選手と接し、指導に当たっている松田さんの姿を見て、私はうらやましく感じた。松田さんは大変な毎日を過ごしているようだったが、とても充実しているように見えた。その時、私は「俺のやりたかったことはこれだ」と気付いた。

引退して、運送業に携わりながら慌ただしい毎日を過ごす中で、私は「自分が本当にしたいこと」を見失っていた。しかし、岐阜で高校野球の指導をする松田さんの姿を見て私は目が覚めた。そして、私の中で「再び野球に携わりたい」という気持ちが大きくなっていった。

そんな時、たまたま東海大相模のＯＢ会があり、現役引退後も監督やコーチとして野球界に携わっている先輩や後輩たちと話すことができた。その時、大学野球でコーチをしている先輩から「生半可な覚悟では高校や大学の指導者にはなれない」と言われた。

さらに、原辰徳さんの1学年下で甲子園でも活躍した角昇司さん（現仙台城南高野球部監督）から、「オヤジ（原貢監督）から東海大野球部の監督を継げと昔言われたことがある。でも当時の自分は、社会人野球引退直後で仕事を覚えたいこともあって断った。今は、あの時オヤジの申し出を受けるべきだったと、とても後悔している」と聞いた。

ＯＢ会後、私は覚悟を決めた。当時は高校野球の監督になるには教員免許が必要だった。別に、どこかの高校が私を雇ってくれるという話があったわけではない。何の当てもなかったが、とりあえず教員免許を取ろうと決意した。そこで私は運送の仕事を辞め、知り合いのつてを頼って名城大学の教職課程を受講することにした。今では「学生野球資格回復研修制度」によって3日間の研修会を受講すれば、元プロ野球選手でもアマチュア選手の指導ができるようになった。だが、当時は2年間の教員経験がなければ、アマチュア指導の資格回復はできなかった。この制度については、私なりにちょっと思うところがあるので、第6章で詳しくお話ししたいと思う。

今振り返れば、家族（妻と子供がふたり）がいるのに、よくもまあ思い切ったことをしたものだと思う。生活費を稼ぐために、大学に通いながら星野監督のマネジメント会社で働かせてもらったり、別の知り合いの会社で営業をさせてもらったりしていた。家族には少し貧しい思いをさせてしまったし、勉強と仕事で大変な毎日だったが私は充実していた。あの頃、私に仕事を紹介してくれるなど手を差し伸べていただいた方々には、今でも本当に感謝している。

星野仙一監督は何がすごいのか

星野監督とは現役時代の最後の2年間、そして引退後に就職先のアドバイスをしてもらったり、星野監督のマネジメント会社で働いている時は、野球以外の仕事のお手伝いをさせていただいたりするなど、本当にお世話になった。

監督としての星野さんは、その存在そのものが強烈だった。ベンチにいる時の存在感がまず違う。ミーティングで発する言葉も一言一言に重みがあった。星野監督は人を惹きつける何かを持っていた。

私も指導者となり、星野監督のように人の心を摑む話し方ができればいいなとは思うが、とても星野監督のようにしゃべることはできない。星野監督のしゃべりは流暢だが、その内容を事前に準備しているようには思えなかった。星野監督の話が人を惹きつけるのは、きっとそれが本当の思いだからである。魂から発せられた嘘偽りのない言葉であるから、きっと私たちは星野監督の言葉に惹きつけられたのだと思う。

引退後、ビジネスを通じて星野監督とより密に接するようになり、私は星野仙一という男のさらなる魅力に気付いた。大抵の場合、第一印象がとてもよくても、その人を知れば知るほど最初よりも印象は悪くなっていくものだ。しかし、星野監督との触れ合いが深まっていくほど、私はその人間性に魅了された。たまに無茶苦茶を言うこともあったが、それはご愛敬。基本的に星野監督はどんな時も心のある、やさしい人だった。

ただ、そうは言っても私にとっての星野監督は、雲の上の存在である。気軽に電話をかけられるような相手ではない。だが、星野監督が東北楽天ゴールデンイーグルスの監督を辞任された際、私は「今しかない」と清水の舞台から飛び降りる思いで星野監督に電話をした。

緊張のあまり、自分の脈が速くなっているのがわかった。星野監督は私からの久しぶりの電話だったので、開口一番「なんや？　お前、高校クビになったのか？」と聞いてきた。私は「いえ、クビはまだつながっています」と答え、「監督、今まで大変お疲れ様でした」と感謝の思いを伝えた。高校野球の話などを多少した後、星野監督は最後に「電話、ありがとうな」と言って電話を切った。その最後の一言が、私はとてもうれしかった。

少年野球からプロ野球まで、私は〝師〟という存在にとても恵まれていた。私ほど師に恵まれた野球選手も、そうそういないのではないかと思う。星野監督はもちろんだが、今の私の指導には恩師たちの教えが色濃く反映されている。これから先も、恩師たちに教えていただいたことを肝に銘じながら、高校野球界の発展のために尽力していく所存である。

第3章

叱って伸ばす

なぜ今、「昭和スタイル」の指導法なのか?

「叱って伸ばす」の真意

――人は「発憤」することで成長する

私が練習中に選手を怒鳴りつけるのは、単に怒りに任せて大声を上げているわけでは決してない。その選手によくなってほしいから、成長してほしいから私は本気で怒る。

私の今の指導法のベースになっているのは、学童野球時代からお世話になってきた監督さんたちの教えである。そしてその中でも、「叱って伸ばす」指導は社会人野球・日立時代の山田智千監督の影響によるところが一番大きい。

学童時代の青木正夫監督から始まり、中学時代の森新監督、高校時代の原貢監督、大学時代の岩井美樹監督はそれぞれにとても厳しい監督だったが、まったく褒めないというわけではなかった。

しかし、日立の山田監督は違った。「叱る」というよりも、とにかく「褒めない」。徹底して褒めない。それは私に対してだけではなく、山田監督の一貫した指導スタイルだった。

人間誰しも、上の立場の人から「褒められたい」と多かれ少なかれ思っているはずだ。この私ももちろんそうだったが、山田監督はどれだけいいピッチングをしてもまったく褒めてくれない。チームの選手がいいプレーをしたとしても、「そのくらいはできて当然」と思っているようだった。

まったく褒めてくれない山田監督に対し、私は「よし、だったらいつか俺の力を認めさせてやる」と発憤した。今、山田監督の指導を振り返ってみると、実はその「発憤」を狙っていたのではないかと思う。選手たちが「なにクソ！」と発憤してくれることを、山田監督は願っていたのだろう。

江戸時代の儒学者、佐藤一斎の残した『言志四録』は、今でも指導者必携の本として有名である。その本の中に「人間は発憤することで大成できる」というようなことが書かれている。記されているのは「奮い立つ」ほうの「発奮」ではなく、「憤る」ほうの「発憤」だった。これを読んだ時、私は「これは山田監督の指導法だ」と気付いた。

だから今、私も選手たちに大いに「発憤」してほしいと思っている。私に怒鳴られてシュンとするのではなく、「ちくしょう、若林、今に見ていろ！」と発憤し、その憤りを糧に成長してほしい。

私の1歳上で元読売ジャイアンツの水野雄仁さんは、伝説の「やまびこ打線」で知られる池田高校（徳島）の出身である。当時の池田の監督は故・蔦文也さんだった。

蔦監督はマスコミから「攻めダルマ」と呼ばれるほどの攻撃的野球を実践し、打ち勝つ野球で1980年代に春夏通算三度の全国制覇を成し遂げた。

その頃、とあるテレビ番組で池田の特集をしており、選手だった水野さんはインタビュアーから「ライバルは誰ですか？」と問われ、解答用紙のようなものに大きな文字で「蔦文也」と記した。そしてその後、水野さんは「このオヤジを何とかして黙らせたい。それには優勝するしかない」と答えていた。

私の考える理想の師弟関係は、この池田の蔦監督と水野さんのような間柄である。師から怒られてもへこむことなく、「なにクソ」と立ち上がる。私もそうだったが、そこにアスリートとして、さらには人としての成長があるように思う。だから今、指導をしている東海大菅生の選手たちにも、そんな「発憤精神」を持ってほしい。

野球部に入部してくる新入生とその保護者に対して、毎年「私は相当厳しいです。そこは覚悟してください」とちゃんと伝えるようにしている。「入部してきた選手は我が子だと思って接します。だから、やさしくなんかできません」と。

過去、私に怒鳴られて泣いた選手はたくさんいる。だが、私の指導が厳しいからという理由で、部を去っていった人間はひとりもいない。だから、これからも私は「叱って伸ばす」をベースに指導を続けていく。そしてその中で、ひとりでも多くの選手に発憤してもらい、成長してくれればいいと思っている。

粘り強い選手を育むには?

みなさんもテレビで高校野球などを見ていてお感じだと思うが、監督にもいろんなタイプがいる。前項で述べた私の恩師である山田監督は、ベンチ内では一切表情を崩さない泰然自若タイプだった。一方で、星野監督のように喜怒哀楽を前面に出す熱血タイプの指揮官も高校野球には多い。

私は日々の練習や練習試合では熱血タイプ、公式戦では泰然自若タイプでありたいと思っている。練習には命懸けで取り組み、公式戦ではその分、伸び伸びとプレーしてほしい。そういった理由から、公式戦ではなるべく喜怒哀楽の「怒」と「哀」はなくしていくように努めている。

練習中の私のノックを見た記者の方々からは、よく「昔っぽいノックですね」というようなことを言われる。私はノック中、選手たちをずっと怒鳴り続けているため、記者の方々は昭和の高校野球を思い出されるのだろう。

私がノックで怒鳴るのは、選手たちにプレッシャーを与えたいからである。和気あいあいと、遊んでいるようなノックをしていても選手たちの心は強くならない。強豪ひしめく西東京で、夏の大会を勝ち抜いていくには技術、体力だけでなく、強靭な精神力が必要である。よく言われることだが「心技体」の3つが高いレベルで備わっていなければ、全国クラスのチームとは渡り合っていけないのだ。

私はノックの最中の凡ミスを許さない。同じようなボーンヘッドを繰り返す選手には容赦なく怒鳴りつける。普段から凡ミスを連発するような選手は、公式戦の大事なところで大きなミスをしでかす可能性が高い。私に怒鳴られたくらいのプレッシャーに負けているようでは、東海大菅生がやろうとしている野球を体現することはできない。私に怒鳴られたとしても、心の中で「チクショー。今に見てろよ」と思うくらいの選手が伸びていく。

私の知り得る限り、厳しい環境の中で鍛えられた選手は、心身ともにタフである。門馬監督の東海大相模、岩井監督の花咲徳栄、五島卓道監督の木更津総合、森士監督の浦和学院といった強豪校の選手たちは実に厳しく鍛えられているから、練習試合などをしても毎回「粘り強いな」と感じる。

私が「この学校の選手はよく鍛えられているな」と感じるポイント。それは「選手が簡単に試合をあきらめない（しぶとい）」ということである。日々の厳しい練習によって粘り強さが育まれているため、ちょっとくらい点差が離れてもまったくあきらめないし、最後まで集中力が持続する。そういうチームは土壇場にも強いし、対戦相手に「このチームは嫌だな」と思わせることができる。

また、私のように始終怒鳴っているやり方とは逆に、温厚な中にも静かな厳しさを持って強いチームを作られているのが前橋育英の荒井直樹監督である。荒井監督の指導を見ていると、「負けないチームは、日々の積み重ねによって作られるんだな」ということを実感する。前橋育英の選手たちは、心身がタフなだけでなく、挨拶や礼儀も実にしっかりしている。だから、前橋育英とは練習試合をするたびにいろんなことを学ばせていただいている。「強いチームは一日にして成らず」は全国共通なのだ。

叱るべきタイミングに叱るべき言葉で褒める

学童野球から社会人野球まで、現役時代の私は怒鳴られ、叱られて育ってきた。そういった環境にある中、「今に見ていろ！」と指導者に対して発憤することで、私は自らの実力を伸ばしてきた。

ただ、そうはいっても「たまには褒めてくれたっていいだろ」と思うこともあった。だから今、私の指導は「叱る」をベースにしてはいるものの、ごくたまに「褒める」ということも実践している。

「自分を認めてほしい」

「まわりから〝すごい〟と思われたい」

そういった承認欲求は、誰もが持っている。とくに、監督と選手、先生と生徒というような上下関係にある場合、下の立場の人間は「上の人から褒めてほしい」と思うものである。それはこの私も同じである。

しかし、だからといって年がら年中選手を褒めていたら、「あ、この程度でいいのか」と選手が勘違いし、自ら可能性の幅を狭めてしまいかねない。私たち指導者がすべきことは終始褒め続けることではなく、然るべきタイミングに、然るべき言葉で（もっとも心に刺さる言葉で）褒めることなのだ。

熱血漢で厳しい星野監督も、実は「褒める」という指導がとてもうまい人だった。阪神タイガースの矢野燿大監督とはドラゴンズ時代にチームメイトだったが、彼から星野監督にまつわるこんな話を聞いたことがある。

試合に負けて、ベンチ内で怒り心頭の星野監督をテレビ中継などで見たことがある人は多いだろう。観客の目に映るベンチ内ですらその状態なのだから、これがベンチ裏となればなおさらである。私たち選手はなるべく監督と目が合わないように、ダグアウトへと引き上げたものだ。

とある負け試合の後、宿泊ホテルへと戻るバスの中でこんなことがあったそうだ。その試合にドラゴンズは負けてしまったが、矢野選手はホームランを打っていた。星野監督はバスの中で、矢野選手に対して「ナイスバッティング」と言って握手を求めてきたという。負け試合のキャッチャーとして、怒られはしても褒められることはないと矢野選手は覚悟していたから、想定外の星野監督の対応に驚くと同時に、とてもうれしく感じたそうだ。

指導法を語る時に、よく「アメとムチ」という表現が用いられるが、星野監督はこの「アメとムチ」の使い分けが実に巧みだった。「巧み」といっても、それを計算高くやっていたわけではなく、本能的に素直に訴えかけてくるから、私たち選手の心にも星野監督の言葉は響いてきた。「褒める」という行為は、簡単なようで実際にはとても難しいものなのだ。

選手の自主性を引き出す

ある一定の人数が集まった組織（会社など）で上の立場にある人は、上意下達いわゆるトップダウンによって、下の立場にある人たちを管理しようとする傾向が強い。

社会の原則として、部下の失敗は上司の責任になる。部下に好き勝手にやらせて、失敗ばかりされても困る。だから、上からの命令によって下を従わせようとする。

しかし、そのようなトップダウンのやり方だと、下の立場の人たちの自主性は育まれない。子供の頃からそのような環境に育った人は、言われなければ動けないという受け身的な「指示待ち人間」になってしまう。

会社あるいは野球のチームのような「組織」を強くしようと思ったら、指示待ち人間よりも自発的に動ける人間をひとりでも多くする必要がある。とくに野球はいろんなことに気付き、そのための準備をして、それを実行していく力が求められる。受け身的な人間よりも、自主性を持って考えながら動ける人間のほうが気付きは多い。だから、私は選手の自主性を引き出すために、

「教えすぎない」

「上から押さえ付けるようなやり方はしない」

ように気を付けている。

私は、常日頃から選手たちに「考えないことは罪だ」と話している。「考えること」を推奨しているため、本などを読んで、自分で調べてそれを練習に取り入れている選手を私は否定しない。そのやり方がよほど間違っていればやんわりと指摘はするが、「こうしろ」と押し付けるようなものの言い方だけはしないように気を付けている。

また、選手それぞれに考える力を養ってもらうため、試合後のミーティングは選手たちだけで行うようにしている。試合の後、長々と説教をする指導者も相変わらず多いようだが、それでは選手の自主性は育まれないし、そもそも試合の後に長話をしても、疲れ切った選手たちがその真意を理解するのは難しいと思う。要は、そのようなミーティングは時間の無駄である。

ミーティングに私が参加してしまうと、選手たちは言いたいことが言えなくなってしまう可能性もある。だから、試合後のミーティングに私は一切かかわらない。その代わり、コーチにはその様子を見守ってもらい、ミーティングの大まかな内容を事後報告してもらうようにしている。

今日の試合のここがダメだった、あれがダメだったと、反省点だけをあげつらうミーティングでは意味がない。ダメだった、できなかった点があるならば、それをどう克服していくのか、どのような練習をしていけばいいのかをみんなで論じ合う。上から命令されたやり方ではなく、自分たちで考えたやり方なら、やる気も集中力も高まる。

選手たちだけのミーティングをするようになったのはここ2~3年のことだが、年々ミーティングの内容がよくなっているように思う。このような選手の自主性を育むミーティングによって、選手たちはチームの課題を共有し、それを克服、修正しようとがんばる。その積み重ねによって、チーム力も少しずつ高まっていくのである。

叱るポイント
――普段の生活こそ大事

プレーしている最中の叱るポイントは、怠慢プレーや凡ミス、あるいは消極的なプレーをした時である。

だが、私はグラウンド内で起こったことより、普段の生活面において選手たちを叱ることのほうが多い。

「普段の生活がプレーに出る」

これは私の持論である。もっといえば性格がプレーに出る。生活がいい加減な選手はいい加減なプレーをするし、大事なところでポカをする。グラウンド内でのプレーを正すには、生活や性格から直さなければダメなのだ。

選手たちの授業を受ける態度や礼儀・挨拶、さらに寮生活における掃除、整理整頓など、普段の生活をしっかりしていない者がいたら、私は容赦なく叱りつける。普段の生活態度の改善こそ、妥協してはいけない点だと思って私は指導を続けている。

「タイムリーエラーをするやつは、タイムリーヒットも打てないんだよ」

これも、私が選手たちによく言う言葉である。

生活態度に不備の多い選手は、必然的に勝負弱くなる。マウンドでも、バッターボックスでも、なかなか自分が思うような活躍ができなくなる。そのような負けを呼ぶ選手がいたら、チームが強くなるわけがない。だからこそ、チーム全体で普段の生活を正していく心構えが必要なのだ。

あるピッチャーが登板した時だけ、なぜか野手のエラーが多くなる。そんな場合、私はそのピッチャーに「お前、生活態度が悪いんじゃない？　神様はそういうところを見てるんだよ」と言うこともある。

授業中、睡魔に襲われてこっくり、こっくりしてしまうのはわかる。このように睡魔と戦っているタイプはいいのだが、机に突っ伏して思いっきり寝てしまっているような選手には、私は厳しく接する。

数年前にこんなことがあった。夏大会の直前、普段の生活態度があまりよくない選手が、授業中に机に突っ伏して寝ているところを見つけた。

その選手は試合では5番を打つ長距離砲で、チームに欠かせない主軸だった。しかし、私はその選手を夏の大会の登録メンバーから外した。普段のだらしない生活態度を許し、変わらずレギュラーとして使っていたら、その選手のためにならないと思ったのだ。

果たしてその選手は腐ることなく、夏の大会では裏方に徹してくれた。メンバーから外れたことで、自分が見失っていたものに気付いてくれたようだった。

今、その選手は岐阜の大学で硬式野球を続けてくれている。そのチームでも主軸を打ち、活躍しているようだ。普段の生活を正すことがいかに大切か。そのことに気付き、ちょっとずつでも生活を改善していくだけで、人は自分の可能性の幅を広げることができるのだ。

薄っぺらい正義感は不要
――選手にとっていい人になる必要はない

他県のチームと練習試合をした時のこと。その試合には、県の公式戦で審判をしている方が球審を務めてくれていた。

試合中、私はふがいないピッチングを続けるピッチャーを、ベンチからいつものように怒鳴り続けていた。すると、球審が私のところにやってきて「高校野球ですから、発言は慎んでください」と言った。

私ははらわたが煮えくり返る思いだったので、返事すらしなかった。いったい何の権利があって私にそんなことを言うのか？　公式戦なら別だが、練習試合でなぜあなたにそんなことを言われないといけないのか、と思わず言いそうになってしまった。

その球審は試合の一場面だけを切り取って、私に文句を付けてきた。私とそのピッチャーが普段どんな会話を交わし、私がどのような指導を行ってきたか。その選手と私が積み上げてきた信頼関係を知りもしないのに、よくもまあ文句を付けられたものである。私は「薄っぺらい正義感だけで正論を振りかざすな！」と叫びたかった。

確かに、高校野球の指導者として、「野球はこれほどまでに楽しいスポーツなんだ」ということを選手たちに教えるのは重要である。だが、その一方で「野球の厳しさ」も教えなければならない。高校野球、大学野球とレベルが上がっていけばいくほど、和気あいあいと野球を楽しんでいるだけでは、決して強いチームは作れないのだ。

選手たちに野球の厳しさを教えるためには、怒ったり叱ったりすることも必要になってくる。指導者は、選手に好かれようとか、選手にとっていい人であろうとする必要はまったくない。むしろ、選手たちを成長させるためには、嫌われるくらいがちょうどいいと思っている。

私は学校では日本史を生徒たちに教え、担任も受け持っている。「嫌われるくらいがちょうどいい」という信念は、教師の立場でも同じである。問題のある生徒を何とかしてあげようと思えば、時に叱ることも必要になる。

私は「若林先生（監督）は本当にいい人です」などと生徒たちから言われたくない。何年か経って、「ああ、先生の言ってたことは、そういうことだったのか」とわかってくれればそれでいい。

公式戦で負けて泣いたり、落ち込んで暗くなったりしている選手たちの顔は見たくない。西東京大会を制し、笑顔で喜ぶ選手たちの姿を見たい。

選手たちの笑顔を見るためには、普段の練習や生活を律していく必要がある。厳しい練習を積み重ねたからこそ、本番のプレッシャーのかかる場面で本領を発揮することができる。だから、私は選手たちを厳しく叱るのだ。

人との競争より己との競争

――能力を磨けば才能が開花する

３００メートルダッシュを60秒以内で10本、８００メートル走を3分以内で10本など、本校の練習ではさまざまなランメニューを行う。

これらはすべて、クリアすることを大前提としている。クリアして当たり前であって、私は選手たちにさらにある条件をプラスする。それは「走っている時に苦しそうな顔をしない」ということである。

短距離、中距離を繰り返し走れば、誰でもきつい。それはわかる。しかし、そこできつそうな顔をして走るのは、自分自身に負けている証拠である。自分に負けている選手が相手に勝てる道理はない。だから選手には「きつくても平気な顔をして走れ」と言うし、走っている最中の選手の表情はいつもしっかりチェックしている。何度言ってもきつそうな顔で走る選手は、うちではベンチ入りできない。そのような気持ちの弱い選手をベンチ入りさせても負けを呼ぶだけで、チームとして何のメリットもないからだ。

走ることが得意な選手もいれば、苦手な選手もいる。短距離が得意な選手もいれば、長距離が得意な選手もいる。それはわかるが、私は何も日本記録や世界記録を出せと言っているわけではない。みんなが走り切ることのできる最低限のタイムを設定し、それを10本ほど走らせているだけである。その程度のことを、涼しい顔でできないなら強敵に勝つことなどできやしない。

「彼も人なり、我も人なり」という言葉がある。彼も私も同じ人間であるから、他人のできることは、自分にもできるはずである。ならば、チームメイトができているのに、自分ができていないのはどういうことか？　あいつにはできて、自分にはできない。そのことに対して悔しさや恥ずかしさを感じないようでは、人としての向上は望めない。相手に勝つには、まず己に勝つ必要があるのだ。

選手たちに「お前は才能あるか？」と聞くと「才能はありません」と答える。でも私は「いや、才能はみんなが持っているんだよ」と返す。そしてその後に「ただ、何の努力もせずにその才能をほったらかしにしていたら、それこそ宝の持ち腐れになってしまう。しっかり努力を積み重ねていくことで、その才能はやがて開花する。才能を磨くとはそういうことなんだよ」と続ける。

一人ひとりの能力をつぶさに見ていけば、それほどの差はないことに気付く。まさに「彼も人なり、我も人なり」である。そこに「日本一になる」とか「プロ野球選手になる」といった覚悟と目的意識、そして志があれば努力は続けられる。絶対にあきらめない強い気持ちが、人の才能を開花させてくれるのだ。

ランメニューで体力だけでなく、精神力を鍛える
——自分自身の経験から

監督に就任した当初は、冬のオフ期間でもボールを使った打撃や守備の練習メニューを多く取り入れていた。しかし、そのやり方だとなかなか選手たちの体が大きくならないことに気付いた。そこで近年は、11月中旬から2月のオフ期間に、体力トレーニングの時間をなるべく多く取るようにしている。

また、体とともに精神力も培おうと、12月下旬と年明けに計2回の冬合宿（冬季強化練習）も行っている。12月はテストなどもあるため、どうしても集中した練習時間が取りづらい。それを補うために年末に冬合宿を行うようになったのだが、それだと冬休み

が明けた時に選手たちの気持ちが緩みがちだった。だから、気持ちが張った状態で春を迎えられるよう、年明けの1月にも冬合宿を行うようにしたのだ。

冬合宿の目的は、精神的に自分を追い込み、心身の強さを獲得してもらうことにある。そういった理由から、走り込みが必然的に多くなる。その中でも選手たちに恐れられているのが、西多摩霊園の周回コースを走るランメニューである。

グラウンドから5・5キロほどの距離に都内最大の広さを誇る西多摩霊園があり、選手たちはまずそこまで走っていく。それから、園内にあるアップダウンの激しい800メートルの周回コースで走り込みを行う。一周を3分以内で走り、1分休んでからまた走る。これを計10セット行う。私は選手たちに「このメニューをやり切らないと東海大菅生高校の野球部員として認めないし、当然ベンチ入りメンバーにも選ばない」とはっきり伝えている。だから相当きついメニューにもかかわらず、近年は脱落者がほとんど出なくなった。

私がこういったランメニューを多く取り入れているのは、先述したように体力だけでなく、精神力も培ってもらいたいからである。これは、私が社会人野球時代に実際に経験したことに由来している。

第2章でお話ししたが、私は日立入社初日に肩を故障。手術を回避したものの投げることはできず、チーム内では除け者扱いされて浮いた存在となっていた。そんな私を見かねて声をかけてくれたのが、チームのバッティングコーチだった。

コーチから命じられたのは、ひたすらランメニューを繰り返すことだった。中距離を「○分以内で走れ」と言われると、それを2時間程度かけて何本も行う。どのような距離にしろ、タイムの設定が本気で走ってギリギリのタイミングだから、最初はよくても途中で設定タイムを切れなくなる。すると、コーチは頃合いを見計らって「よし、タイム切ったら終わりにしてやる」と言ってくるのだ。私は心の中で「切れるわけねーだろ！」と叫びながら（時に声に出してもいたが）走り続けた。日立を辞めたら、夢であり目標であったプロ野球への道が絶たれてしまう。だからどんなに辛くても、逃げ出すわけにはいかなかった。

そんなことを毎日、1～2カ月も続けていると、チームメイトが「よくそんなに走れるな」とか「がんばれよ」と声をかけてくれるようになった。そうこうしているうちに、肩の状態も少しずつよくなっていった。

チームに徐々に受け入れられ、試合にこそ出られないが普段の練習をみんなと一緒にするようになると、私は自身の体に起きた変化に気が付いた。

チームメイトたちと一緒にランメニューを行うと、トップはだいたい私だった。しかも他の選手たちはとても辛そうにしているのに、私はまったく辛くなかった。その後、本格的に投げられるようになるまで約半年を要したが、マウンドに上がった時、球威、スタミナともに増していることを実感した。また、集中力を切らさず、長いイニングを投げ切る粘り強さ、精神力も培われていた。私はコーチの特訓のおかげで走力とスタミナだけでなく、精神的な強さ、タフさも身に付けられたのである。

自分のこういった経験があるため、本校の練習でも普段からランメニューを積極的に取り入れ、合宿ではさらに選手たちを精神的に追い込むような負荷の高いメニューを連日行っているのだ。

ちなみに、2020年12月の冬合宿は、次のページのようなスケジュールで練習を行った。コロナ禍にあったため、ランメニューも西多摩霊園ではなく、グラウンド内で行う形に変えたりしたが、それなりに充実した練習ができたと思っている。

[2020冬季強化練習メニュー(野手)]

<table>
<tr><th>時間</th><th>A</th><th colspan="2">B</th></tr>
<tr><td>7：00</td><td colspan="3">起床・掃除・朝食</td></tr>
<tr><td>9：00</td><td colspan="3">アップ開始</td></tr>
<tr><td>9：40</td><td>ウエイトトレーニング</td><td colspan="2">技術練習</td></tr>
<tr><td>11：00</td><td colspan="3">昼食</td></tr>
<tr><td>12：15</td><td colspan="3">ラダー・キャッチボール</td></tr>
<tr><td>12：30</td><td>技術練習</td><td colspan="2">室内ティー or ロングティー</td></tr>
<tr><td>14：05</td><td colspan="3">軽食</td></tr>
<tr><td>14：25</td><td>バッティング</td><td>ウエイト
トレーニング</td><td>体幹
トレーニング</td></tr>
<tr><td>16：00</td><td colspan="3" rowspan="2">ランニングメニュー</td></tr>
<tr><td>17：00</td></tr>
<tr><td>17：30</td><td colspan="3">夕食</td></tr>
<tr><td>19：00</td><td colspan="3">ミーティング</td></tr>
<tr><td>19：30</td><td rowspan="3">打ち込み</td><td colspan="2" rowspan="2">スイング</td></tr>
<tr><td>20：00</td></tr>
<tr><td>20：30</td><td colspan="2" rowspan="2">風呂</td></tr>
<tr><td>21：00</td><td>風呂</td></tr>
<tr><td>21：30</td><td>夜食・洗濯</td><td colspan="2">夜食・洗濯</td></tr>
<tr><td>22：00</td><td colspan="3">消灯</td></tr>
</table>

夏の大会の前に練習のピークを作る
——気持ちは技術を上回る

東海大菅生では、毎年夏の大会の始まる約1カ月前に、前項で述べた西多摩霊園での走り込みを1週間毎日続けて行う（2020年はコロナ禍のためできなかった）。

寮で朝5時に起床して、アップを行い、ランニングしながら西多摩霊園へ行く。そしてそこで1周3分×10本を行うのだ。

たまに行うだけでもきついのに、これを1週間（具体的には火曜から土曜までの5日間）連続でやるのは選手にとっては地獄である。

しかし、選手たちもここでのがんばりが夏の大会のベンチ入りに反映されることがわかっているので、苦しくてもがんばろうとする。この1週間は選手たちにとって、毎日が「己との戦い」となる。

私は、ただ単に10本クリアすればそれでよしとは考えていない（10本クリアするのは最低条件である）。中長距離走が得意な選手であれば、2分30秒を切るくらいのタイムで10本をクリアしなければ自分に勝ったとはいえない。逆に、走るのが苦手な選手が、ギリギリ3分で10本をクリアしたなら、それは十分に自分に勝ったといえるだろう。走っている時の表情、ゴールしてからの仕草、そういうものすべてを私は見る。どんなに野球の技術が優れていようとも、適当に10本クリアして満足しているような選手を私は登録メンバーには決して選ばない。

自分との戦いに負けず、1週間やり切った選手たちは表情が変わる。私が、1週間の強化期間を毎年設ける理由はここにある。

野球の技術、トレーニング理論、さらにメンタル、フィジカルそれぞれの理論は日々進化している。私たち指導者はそのような変化にしっかり対応、勉強しながら選手たちに指導をしていかなければならない。しかし、その中でも私が現役だった頃と変わらない部分、変えてはいけない部分もあると思う。その代表的な練習メニューが先ほどから述べている走り込みメニューである。

「気持ちは技術を上回る」

これも私の持論である。能力がどれだけ高くても生身の人間であるから、心の動揺などがあればそれは如実にプレーに表れる。

気持ちは技術を上回ることがあるが、その逆はない。いくら技術があっても、そこにしっかりとした精神力がなければ、決していい結果はもたらされない。スポーツのすべてを根性論で語るのはナンセンスだが、科学的解明が進む現代においてもなくしてはいけない根性は絶対にあると思う。その根性こそが、技術を上回る「気持ち」なのだ。

温故知新

――古くから伝わる言葉に学ぶ

ホワイトボードを前に、たまに座学のようなミーティングを行うことがある。私はそこで、故事やことわざにある言葉を用いながら、選手たちにいろんなことを教える。

先日は「為せば成る　為さねば成らぬ何事も　成らぬは人の為さぬなりけり」を選手たちに教えたが、その意味を知っている者はひとりもいなかった。

字面から、どのような意味があるのかをまず考えさせた。何人かの選手が自分の言葉で語ろうとするが、なかなか説明にならない。そこで私は「為す」とは「行為」「行動」を意味しており、「成る」とは「成功」「結果」を意味する言葉であることを教えた。つまり、行動を起こさなければ成功はなく、「なかなか結果が出ない」とボヤいている暇があったらまずは行動を起こすことが先決だ、とこの言葉は教えてくれているのだ。

自分たちの知らない言葉の解説を聞いている時、選手たちはとてもいい顔をしている。偉人たちの残した言葉を聞きながら、それぞれが何かを学ぼうとしているのだろう。言葉を知ることは、その人の思考を広げてくれる。考えることの重要性を選手たちに知ってもらう上でも、こういった座学はとても有効である。

本校のグラウンドには、3塁側ベンチの上に「Nothing is Impossible! Motivation is Everything!」と記された横断幕が掲げられている。チームのモットーでもあるこの言葉は「不可能はない！　やる気になれば何でもできる！」ということを意味している。まずは言葉として理解し、それをゆっくりと体で理解していってくれればいい。

本章の冒頭で、佐藤一斎の『言志四録』の「発憤」のお話をしたが、佐藤一斎の弟子は佐久間象山で、佐久間の弟子は吉田松陰である。つまり吉田松陰は佐藤一斎の孫弟子に当たるのだが、私は日本史の教師ということもあり、吉田松陰にまつわる話はうちの選手たちにもよく紹介している。

そんなこともあって、今年から卒業する3年生の選手たちに『覚悟の磨き方　超訳　吉田松陰』という本を記念品としてプレゼントしようと思っている。

吉田松陰は松下村塾を開き、高杉晋作や伊藤博文といった優れた人材を生み出した。この本の中には、30歳という若さでこの世を去った吉田松陰の覚悟や願いが詰まっている。私も事あるごとにこの本を読み返しているが、読むたびに新たな発見をもたらしてくれる素晴らしい本である。人として、この社会の中でどう生きていくべきか？　時代を超えて、吉田松陰の残した数々の言葉が、それを教えてくれる。読んで損はない一冊なので、ぜひみなさんにもご一読いただきたい。

プロ入りがゴールではない

東海大菅生の監督に就任した当初は、夏の西東京大会を制して甲子園に出場するのが目標だった。だが、本書で述べてきたように、そのような目標設定ではなかなか勝ち上がれない日々が続いた。

西東京を制し、甲子園に行き、さらにそこでも勝ち上がるためには、目標を日本一にするしかない。だが、私たちにとって日本一は目標であって目的ではない。日本一は、あくまでも現時点での目標であって、選手たちの人生においては通過点に過ぎない。目標と目的を履き違えてはいけない。日本一は目標、目的は人間形成。人間性を高めていくことこそが、人生において大切なのだ。

甲子園や日本一はあくまでも通過点。選手たちにそう教えるのは、私自身の反省から来ている。

私は幼い頃から「プロ野球選手になる」という目標を掲げ、努力を重ねて念願のプロ入りを果たした。ところが、私は「プロ入り」したことで満足してしまった。本当はそこがスタート地点なのに、ゴールだと勘違いしてしまったのだ。

本来は「1軍で○勝する」「エースになる」「FAとなった時にメジャーリーグに行く」など、さらにその先を見据えていかなければプロの世界では成功できない。

しかし、私はプロの世界に圧倒され、「運よく二桁勝てればいいかな」くらいにしか考えなかった。そんな浅い考えで生き抜いていけるほど、プロの世界は甘くない。

自分自身を過大評価するのはよくないが、プロ入り後の私のように自分を過小評価するのも、それは自信がないことの表れなのでいいことではない。

先述したように、才能は誰もが持っているもので、あきらめずに努力を続ければやがて才能は開花する。私のようにやる前からあきらめてしまったら、成功やいい結果を手にすることはできないだろう。

近年、本校からプロ入りする選手がちらほら出てきた（大学や社会人を経てのプロ入りも含む）。でも、自分を過小評価している選手が多いので、「卒業後、どうするんだ？」と私が聞くと「プロに行けたらいいなと……」というような答えが返ってくる。

だが、プロの世界は「行けたらいいな」で行けるような場所ではない。「何が何でもプロに行くんだ」という覚悟と「プロに行って、こういう選手になるんだ」という明確な目標がなければプロ入りすることも、その後に成功を収めることもできないのである。

AからBに落とされた時に人間の本質が出る

東海大菅生の野球部は1～3年生が揃う春～夏にかけて、部員数は100名ほどになる。シーズン中はその100名をAとBの2チームに分けて、練習試合を組んでいく。

結果次第で頻繁にＡＢのメンバーが入れ替わるのが、うちの特徴である。

春の大会が終わった後は、とくにメンバーの入れ替えが激しくなる。夏の大会に向けて、あらゆるメンバーの可能性を探っていきたいからだ。そしてその時、私はＡからＢに落とされたメンバーの態度、姿勢をしっかり見るようにしている。

私は、Ａチームを外された時にこそ、その選手の本性が出ると思っている。Ｂチームに落とされて不貞腐れてしまうのか、それとも「這い上がってやる！」と奮起するのか。コーチなどにも様子を聞きながら、それぞれの選手の人間性を見極める。

監督やコーチよりも、よく選手を見ているのはチームメイトである。Ｂに落とされて不貞腐れているような選手は、仲間からの信頼を失う。

普段の練習の中で、私やコーチを騙すことはできても、チームメイトの目を欺くことはできない。だから、私は選手たちに「監督に信用される選手ではなく、仲間から信用される選手になれ」と言い続けている。

春の大会ではレギュラーだった選手が、大会後にＡチームから外されるのは珍しいことではない。精神的に成長してほしいから、あえてＢに落とす場合もある。

Ｂに落とされても決して腐らず一生懸命練習した選手は、夏の大会前に一回りも二回りも成長してAに復帰を果たす。２０１７年夏、甲子園ベスト4になった時の6番バッターの佐藤弘教（甲子園でホームランを2本打った）も大会前にBから這い上がってきた選手である。

この２０１７年から、私は西東京大会の登録20名のうちの3名を、選手たちに意見を聞いてから選ぶようにしている。

背番号1番から17番までは私が選ぶ。そして18番から20番の3名は選手の意見を聞いて選出する。昨年はコロナ禍での大会だったためその手法は取らなかったが、２０１７年から２０１９年までの3年間、選手間で選んだその3名は私の思っていたメンバーとほぼ一致した。

選手たちは私たち指導者が思っている以上に、しっかりとチームを見ている。だから私も練習中は一瞬たりとも気が抜けない。私たち指導者も、選手から信用される大人でなければばならないのだ。

特定のチームを意識しない

私が監督に就任した当時、西東京地区で一番意識していた学校はもちろん日大三である。「日大三を倒さなければ甲子園はない」と私自身思っていたし、選手にもそのように言い続けていた。

しかし、日大三だけを意識していては西東京で勝てないと思わせる出来事があった。それは忘れもしない、2014年の夏の西東京大会である。

「打倒・日大三」を掲げていた私たちは、準決勝でその日大三と当たった。この時のエースは髙橋優貴だった。この試合は、序盤から1-5と日大三に4点ものリードを許して雲行きはだいぶ怪しかったのだが、7回にうちが6点を取って逆転。さらに9回にもダメ押しの5得点を挙げて、12-6で勝利した。

最大の敵に、しかも負けパターンの試合を大逆転で制し、私たちは「これで甲子園に行ける」と思ってしまった。日大三に勝ち、試合後に号泣している選手もいた。

準決勝から中一日空けて行われる決勝戦の相手は、日大鶴ヶ丘だった。準決勝の翌朝、ミーティングルームに行くと、5～6名の選手がテレビで前日の日大三戦のビデオを見て盛り上がっていた。

本来であれば、翌日の日大鶴ヶ丘戦に備え、対戦相手のビデオをチェックしていなければならないはずである。しかし、私は日大三戦のビデオを見て盛り上がっている選手たちに注意ができなかった。

私も、選手たちも、みんなが「日大三に勝ったらあとはもう敵はいない。日大鶴ヶ丘も楽勝だ」と思っていた。今振り返ればひどい慢心状態だし、地に足のついていない舞い上がった状態である。

案の定と言うべきか。決勝で私たちは日大鶴ヶ丘に1－2で敗れた。マスコミからも「圧倒的に東海大菅生有利」とされていたのに、私たちは相手に足をすくわれた。日大鶴ヶ丘は私たちのことをとてもよく研究していた。隙だらけだった私たちは結果として、負けるべくして負けた。

この一件が契機となり、私は日大三はもちろん、「打倒・○○！」と特定のチームをターゲットにするような目標の掲げ方はやめた。さらに、甲子園に出ることが目標なのではなく、甲子園で優勝することを目指すようにした。西東京大会は、あくまでも日本一になるための通過点に過ぎない。そう思うようにすれば、どんな状況にあっても慢心も油断もなくなる。来る2021年のセンバツも、私たちは全国制覇を目指して一戦、一戦、戦っていくだけである。

野球には免許皆伝がない

私の指導が日々進化しているように、野球の技術論、トレーニング論なども常に変化している。

これは東海大相模の門馬監督から聞いた話なのだが、我々の恩師である原貢監督は、常々「どんなに有名になったとしても、野球の指導者が本なんか出したらダメだ」と言っていたそうだ。

野球の技術は日々変わっていくものだから、「これが正しい」ということはない。免許皆伝のできない領域の話なのだから、それを本にすることはおかしい。原監督は、きっとそういうことを言いたかったのだと思う。

私も野球の技術論に関しては、原監督とまったく同意見である。だから本書では技術的な話にはあまり触れず、指導・教育論、精神論のほうに重点を置いて私なりの意見をまとめさせていただいている。

そうはいっても、私の指導法も日々進化しているから、本書に書いたことを今後もずっと続けていくのかといえば、答えは「否」であろう。そのまま続けているものもあるだろうし、考え方を改め、違うアプローチをしていることもあるだろう。

何事も、その道を究めようと思ったら次々と壁や障害が目の前に立ちはだかり、思うように進めなくなるものだ。だが、行く手を遮る壁や障害を乗り越えれば、その人はその分だけ成長できる。道にゴールはない。私が携わっている高校野球も、究めようとすればするほど道は険しくなり、課題は増える一方である。高校野球の指導には、ゴールも完成形もないのだ。

たまに、野球部OBがグラウンドを訪れることがある。甲子園を経験していない代のOBが来た場合、私は「すまんなあ。今の俺だったら、お前らを甲子園に連れて行ってやれたのになあ」と謝る時がある。振り返れば、「あれだけの戦力があったのに、なぜ勝てなかったんだろう?」と思える代がいくつかある。十分な戦力があったのにもかかわらず彼らが勝てなかったのは、ひとえに監督である私の責任である。日々の練習、試合の運び方、精神面、すべてにおいて私のやり方はまだまだ甘かったと思う。だから私は彼らに謝るのだ。

もちろん、指導法には完成形も正解もないから、私の今のやり方がすべてだとはまったく思わない。しかし、私が今のやり方に辿り着けたのは、300~400人の東海大菅生OBたちとともに戦ってきた日々があるからだ。だから、センバツに出場する今の代の選手たちにも、「お前たちの力だけで甲子園に出場できたと思うなよ」「まわりの人たちへの感謝を忘れるな」と伝えている。

第4章

高校野球投手論

元プロ野球投手としての視点

昔はストレートとカーブが主流だった

現役時代の私は、強気一辺倒のピッチングで「俺の球を打てるもんなら打ってみろ」という気持ちでいつも投げていた。クレバーか勢いかでいえば勢いで投げるタイプだったが、第2章で述べたように、プロは勢いだけで通用するような世界ではなく、1軍ではそれまでとまったく違う感覚を味わった。

社会人野球まではマウンド上では常に強気。試合の途中でマウンドを降ろされるのもとても嫌だった。ピンチになった時、キャッチャーがタイムをかけてマウンドに駆け寄ってくることがあるが、あれも大嫌いだった。キャッチャーに対してグラブを突き出し「来るな」と追い払ったことが何度もある。だから今でも、中・高生でそのような強気のピッチャーを見かけると若い頃の自分を思い出し、「いいな」と思う。

現役時代がそんな感じだったので、今でも試合中にタイムを取ってマウンドに伝令を送ることは、他校の監督さんたちと比べれば少ないほうである。高校野球では、伝令を送るのは1試合に3回までと決められているが、私は今まで3回すべてを使ったことは一度もない。

ピッチャーは大きく分けて、本格派（ストレート主体で三振を取るタイプ）と技巧派（変化球主体で打ち取るタイプ）の2種類に分けられる。現役時代の私は、ストレート主体でピッチングを組み立てる本格派だった。ストレートで追い込み、カーブで三振を取る。それが私の基本的なピッチングスタイルである。

今でこそ、ピッチャーはいろんな変化球を投げる時代になったが、私が現役の頃は変化球といえば「カーブ」が主流。私のように、ストレートとカーブの2種類で勝負するピッチャーがほとんどだった。

「カーブ」と聞いて真っ先に思い浮かぶのは、読売ジャイアンツにいた江川卓さんだ。江川さんはストレートも速かったが、急角度で落ちるスピンの利いたカーブもすごかった。他には私より1学年下になるが、同じくジャイアンツの桑田真澄のカーブも超一級品だった。

私は社会人になってスライダーやフォークを覚え、それまでの決め球だったカーブよりもスライダーを多投するようになった。

近年の高校野球やプロ野球を見ていて寂しいのは、往年の江川さんや桑田のようなカーブを投げるピッチャーが、ほとんどいなくなってしまったことである（現役であえて挙げるとすれば、東北楽天ゴールデンイーグルスの岸孝之くらいだろうか）。

カーブが絶滅危惧種になってしまった今こそ、逆にカーブが有効のように思うのだが、みなさんはどうお考えだろうか。私も今後、チームに適材が現れれば、魔球・カーブを教えてあげたいと思う。

決め球となる変化球を1種類は持とう

前項で述べたように、私の決め球は高校・大学時代まではカーブ、社会人以降はそれがスライダーに変わった。

ピッチャーは「困った時はこれ」という変化球を持っていると、ピッチングがとても楽になる。だから今でも、本校のピッチャーたちには「ストレートの他に、空振りの取れる変化球を1種類は持て」と教えている。

高校野球でも、全国レベルになればバッターのレベルも格段にアップする。そういったバッターを相手にする時、ピッチャーは「空振りの取れる決め球（変化球）」を1種類は持っていないと通用しない。

現代野球は変化球の種類も昔に比べれば格段に増え、高校野球でも4〜5種類の変化球を投げるピッチャーはざらにいる。

だが、私はうちのピッチャーたちに「いろんな種類の変化球を投げろ」とは言わない。それよりも、「決め球となる変化球」を1種類持っていれば十分である。

いろんな変化球を投げようとすると、それぞれの質が甘くなり、結果としてどの球種も使えないボールになってしまう。質の悪い変化球をいくつも持つくらいなら、困った時に頼れる変化球をひとつ持てば十分なのだ。

私が社会人・プロ時代にスライダーを決め球としていたように、現在の野球界でもスライダーを決め球にしているピッチャーは多い。

スライダーやフォークなどの高速系変化球で気を付けたいのが、抜け球となって高めに甘く入ってしまうことである。バッターを決め球で抑え込もうとしても、それが甘いコースに行ってしまったら意味がない。いいバッターほど、高めに甘く入った変化球はきっちり捉えてくる。しかも、それが速い変化球であればなおさらだ。大一番にそんな失投をしていたら、それこそ命取りになる。

決め球を習得している最中のピッチャーに「高めに抜けないように気を付けろ」と言うと、今度はベース前でワンバンするような失投が増える。でも、高めに抜けてホームランを打たれるくらいなら、低めに外れてフォアボールのほうが大量失点は防げる。私はそう考えているので、変化球を習得中のピッチャーが追い込んでからフォアボールを出したとしてもあまり問題にはしない。

変化球の握り方の指導に関しては、「俺はこう投げてたよ」という話はする。これは笑い話なのだが、私が社会人野球でスライダーを投げようと思った時、周囲（コーチや同僚）にスライダーの投げ方を知っている人がいなかった。そこで私はどうしたかというと、西武ライオンズのエースだった東尾修さんがスライダーを投げているシーンを、ビデオで繰り返し見て研究し習得した。

一口に「スライダー」といっても、握り方や肘や手首の使い方など、投げ方の細かい部分は千差万別である。手の大きさ、関節の柔軟性、腕の振りの速さなど、身体的特徴や機能性は人によって違うため、同じ変化球であっても投げ方は異なる。だから私は

「俺はこうだったよ」と参考意見は伝えるが、以降は「自分でいろいろと試しながら〝これだ〟という投げ方を見つけなさい」と教えている。

変化球の習得は、それぞれの投手の感覚によるところが大きい。何度も何度も試してみて、体に覚え込ませていくしか方法はない。「決め球となる変化球の習得に近道はない」のだ。

気持ちの弱い投手のメンタルを強くするには？

私自身、高校生の頃はグイグイ気持ちで押していくタイプだったので、東海大菅生のピッチャーたちがマウンドで弱気になったり、逃げのピッチングをしたりすると「しっかりせい！」と叱りつけることもある。

「打てるもんなら打ってみろ！」と投げるボールと「打たれたらどうしよう……」と不安を感じながら投げるボールでは、質がまったく違う。もちろん、勢いがあるのは、前者の投げるボールのほうである。指導者が選手を鼓舞する際に、よく「気持ちで負けるな」と言ったりするが、気持ちの入っているボールは、球速やキレといったものにプラスアルファの力を与えてくれるのだ。

とはいえ、「しっかりせい！」と言っただけで、弱気のピッチングから完全に抜け出せる投手はそう多くはない。気持ちの弱い選手の心を強くするには、「なぜ気持ちが弱くなってしまうのか？」という根本から考えていかなければならない。

選手の気持ちが弱くなってしまうのは、「結果が出ない（失敗）」からである。練習しても、いい結果が出ない。本番になると失敗してしまう。そういうことが繰り返されて、気持ちがどんどん消極的になっていってしまうのだ。

だから私は、そんな弱気の選手に対してはいい結果（成功）が出るように導き、いい結果が出たところですぐに代える。例えば、弱気なピッチャーがリリーフで出て、バッターをひとり抑えたとする。ここで欲を出して「もうひとり抑えろ」と続投はさせず、「ナイスピッチング！」と言ってすぐに代える。

このように、いい結果を出したらその都度褒めて、選手にちょっとずつ自信を付けていってもらうのだ。そのような成功体験を何度か繰り返すことで、弱かった選手の心は徐々に強くなっていく。

また、元々は強い心を持っていたエース級のピッチャーが、大事な一戦で負けたために自信を失い、弱気なピッチャーになってしまうというパターンもある。このような場合にも、私は無理な登坂はさせず、先述したワンポイントリリーフを多用しながら自信を取り戻してもらうようにしている。

生まれながらにして「強心臓」の人間などいない。気持ちの強弱は経験によって育まれていく。

「弱気は失敗から、強気は成功から生まれる」

これを知っておけば、選手のなすべきこと、指導者のなすべきことが自ずと決まっていく。気持ちを強くするには、何よりも成功体験が必要なのだ。

理想の投手陣構成

現状では、日本高野連が2020年2月に定めた高校野球特別規則により、公式戦(各地方大会、甲子園など)で「ひとりの投手が投球できる総数は1週間500球以内とする」と定められている。

この球数制限によって各チームは今後、投手陣構成、継投策などいろいろと対応を考えていかなければならないだろう。ただ、幸いなのは他の激戦区（神奈川、千葉、愛知、大阪など）に比べると、東京都の各大会はわりと余裕のある日程が組まれているので、「1週間に500球以内」は現在のうちの投手陣構成ならばそれほど問題にはならないようにも思う。

私は東海大菅生の監督に就任してから、ベンチ内（登録20名）に最低でも3人のピッチャーは揃えるようにしてきた。

理想をいえば、1番手から3番手のピッチャーに加え、あと1～2名のピッチャーがいれば投手陣を酷使せず、戦っていくことができる。ただ、これからの時代はピッチャー専属でのベンチ入りなら3名が限界だと思う。4～5名の投手陣の中に、野手もできる選手が1～2名は必要となるだろう。

2015年のセンバツに出場した際の主力だった勝俣は、投げて打っての二刀流として活躍してくれた。彼は在学中にU18日本代表にも選ばれ、WBSC U-18ワールドカップでは首位打者と打点王の二冠を獲得した。勝俣ほどの三拍子も四拍子も揃った選手はなかなか出てこないだろうが、彼のような選手がいれば監督としては大助かりであることは間違いない。

先発には、できれば右と左を1枚ずつ用意しておきたい。右と左がいれば相手チームを惑わすことができるからだが、これは私が考える投手陣構成の絶対条件ではない。左右のサイドスロー、アンダースローといった変則ピッチャーもいてくれるに越したことはないが、これも絶対条件ではない。

私は、左ピッチャーが欲しいからといって、中学までピッチャー経験のなかった選手を無理にピッチャーにしようとは思わないし、変則ピッチャーが欲しいからといって、オーバースローの選手の投げ方を変えようとも思わない。現在いるメンバーの長所や適性を見極め、適材適所に人材を配置することが、私のなすべき仕事だと考えている。だから、私の考え方に、無理に選手をはめ込むようなことはしない。

ちなみに、ピッチャーを支えるキャッチャーのベンチ入りは最低でも3人は欲しい。そしてこれもピッチャーと同様、キャッチャーだけでなく他のポジションもできる選手が望ましい。2021年のセンバツ出場を決めた秋の大会のメンバーには、福原聖矢と小山凌暉というふたりの1年生キャッチャーがおり、彼らは内野も外野もいろんなポジションを守ることができるユーティリティープレーヤーである（エースの本田峻也とU15日本代表時代からバッテリーを組んでいた縁で、秋の大会は福原のほうがキャッチャーとしての出番は多かった）。

高校野球は、地方大会20名、甲子園18名と登録できる人数が限られている。今後はそこにピッチャーの球数制限なども加わることを考えると、かつての勝俣や今の福原、小山のようなユーティリティープレーヤーが他チームでも増えていくのかもしれない。

アウトローに投げる制球力を付けるには「まず低めに集める」

制球面で私がピッチャーたちに求めることは、極めてシンプルである。それは、「低めに投げること」

ただ、それだけである。

よく言われることだが、ピッチングの基本は「アウトロー」である。そこに決められるようにするために、まずは低めに投げることを心がける。ピッチング練習をしている時、キレのあるボールが来るとキャッチャーは「ナイスボール！」と言うが、それが甘いコースに来たボールならば決してナイスボールではない。

甘いコースに来ても、150キロ超の豪速球ならば空振りを取れるかもしれない。だが、高校野球では150キロ超を投げるピッチャーは稀で、速いとしても140キロ出ればいいほうである。甘いコースのボールは打たれる。だから、うちのピッチャーたちには「キャッチャーの手元でボールが垂れてもいい。とにかく低めに集めなさい」と最初に指導している。

さらにこの時、キャッチャーにもしっかりと低めに構えるよう指導を徹底する必要がある。キャッチャーは最初に低めに構えていても、だんだんと横着をしてミットの位置が真ん中あたりに上がってくる。だからそうならないよう、キャッチャーは常に低めに構えるよう徹底する。さらに、ちょっとくらいボールのキレが悪くても、低めに来たら「ナイスボール！」とピッチャーに声がけすることも忘れてはならない。

コントロールの悪いピッチャーに対し、まずすべきはフォームの修正ではなく、低めにボールを投げさせることである。最初にフォームのことをあれこれ注文を付けると、ますますコントロールを悪くするだけだ。低めを狙って投げさせ、キレのいいボールが決まるようになったら、それがいい投げ方だということなのだ。

低めが投げられるようになったら、次の段階としてアウトロー、インローにボールを投げ分けられるようにする。フォームのチェックは、それができるようになってからでもまったく遅くないと思う。

ピッチング練習の際、キャッチャーが立っている時はいいボールが行くのに、座った途端にボールの勢いがなくなってしまうのは、低めへの投げ方を知らないピッチャーの典型である。

ピッチャーがまずすべきは、低めへの投げ方を体で覚えることだ。そこを抜きにして、アウトローに伸びのあるストレートなど投げられないのだ。

シュート系のボールはピッチャーを助けてくれる

私が高校生の頃は、ピッチャーの投げる球種はストレートとカーブの2種類があれば十分だった。

監督からも「ストレートとカーブを磨き、それでバッターを抑えろ」と教えられた。だからカーブでも速いカーブと遅いカーブ、さらに縦に落ちるカーブと横に曲がるカーブなど自分なりに研究して、曲がりの変化を付けたものである。

基本的な球種がふたつしかないため、変化を付けるとしたら「緩急」ということになる。ボールの速い遅いだけでなく、モーション（腕の振りや足の上げ下ろしなど）にも緩急を付け、どうやったらバッターのタイミングを外せるかをいろいろと考えながらピッチングをしていた。

今思えば、あの頃に「頭で考えるピッチング」が多少はできるようになったことで、私はその後プロ入りするまでに成長できたのかもしれない。そのように考えると、今の高校球児は安易に変化球の種類の多さばかりに頼り、本来大事にしなければならない「考える」「工夫する」という面が疎かになってしまっているように思う。長い目で見れば、球種の多さだけに頼るピッチングしかできないのは不幸である。

今はメジャーリーグやプロ野球の影響か、高校生でもツーシームのような「手元で小さく曲がる変化球」を投げるピッチャーが多くなった。

ツーシームを覚えるのは結構なのだが、私はそれよりも「シュート系のボールを覚えたらピッチングが楽になるぞ」とピッチャーたちにはよく話す。

シュートとは、カーブやスライダーとは逆方向に曲がるボールである。ただ、ほとんどのピッチャーがスライダーを投げるのに対し、高校生でシュートを投げられるピッチャーは意外と少ない。ということは、高校生のバッターもシュート系のボールにはあまり目が慣れていないということだ。こんな使えるボールを使わない手はない。

右ピッチャー対左バッター、あるいは左ピッチャー対右バッターの場合、スライダーはバッターの方向に曲がってくるので、甘いコースに来るとバッターとしては捉えやすい。だが、右対左、左対右でシュートはバッターから見ると自分から逃げていくように見えるから、スライダーよりも格段に打ちづらくなる。

また、シュート系のボールは、カウントが不利な時にもピッチャーの味方となってくれる。例えば3ボール・ノーストライクとなった時、バッターは当然ストレート狙いでくる。この時にシュートを投げられれば、バッターが打ち損じてくれる可能性は高まる。バッターはストレート一本に絞っているので、シュートは別に甘いところに入ってしまってもいい。「困った時に使えるシュート」は、覚えておいて損はないと思う。

故障のない肩を作る
――肩甲骨を動かそう

肩、肘はピッチャーにとっての生命線である。トレーニングやストレッチによって、故障しない肩や肘を作るのはとても大切なことである。

最近、あるトレーナーから「倒立歩行を5メートルできるピッチャーは、肩の故障はしない」と聞いた。倒立をして歩くことは、肩の可動域を広げるのにとてもいいそうだ。最近は倒立できるような子供も少なくなったが、うちの選手たちにもこの「倒立歩行」トレーニングは取り入れようかと考えている。

また、同じく肩の故障予防のトレーニングとして実際に行っているのが「手押し車の逆パターン」である。手押し車は、パートナーが相手の両足を持って前に進む。これをうちでは逆にして、パートナーが後ろに引っ張っていく感じで後退しながら進む。なおかつ途中、両手でジャンプをして「パン」と手を叩く。これはやってみるとわかるが、体力的にも相当きついメニューである。

本来、人間の体というのは、正しい動き方をしていればケガや故障はしないようにできている。肩の動きは肩甲骨と密接につながっているため、肩の故障をなくそうと思ったら肩甲骨を正しく動かすように心掛けることが大切だ。

筋力トレーニングでベンチプレスをしている時、肩をケガする選手も結構多い。これも実は、肩甲骨を正しく動かしていないために起こるケガのひとつである。

このベンチプレスを例にすると、肩甲骨を正しく使わずに、腕と肩の筋肉だけでバーベルを挙げようとするから肩に余計な負担がかかり、それを続けた結果がケガとして表れる。本項では肩にスポットを当てて解説をしているが、ある特定の部位を鍛えているからといってそこだけを意識するのではなく、どんなトレーニングであっても体全体のバランスを考えて取り組むことが大切なのだと思う。

体の各関節は、正しい動きをしていれば可動域はどんどん広がる。そして、それが結果として、故障しにくい体作りへとつながっていくのだ。

楽に腕を振れるピッチャーは伸びる

「いいピッチングフォーム」の第一条件、それは「無理なくスムーズに投げられる」ということである。いかにも「力いっぱい投げています」という、見ていてこっちの肩が痛くなるような投げ方では、第一線で生き抜いていくのは難しい。

私の経験上言えるのは、下半身のパワーを体幹でスムーズに上半身に伝えて、力みなく腕を振れるピッチャーは伸びしろも大きいということだ。

スムーズなフォームは体の各部位が正しく連動しているということであり、それは結果として「省エネ投法＝疲れにくい投げ方」となる。

プロ野球でも、いいピッチャーはイニングを追うごとに調子がよくなり、最終イニングでその日の最高球速を記録したりする。近年では継投の分業制が進み、完投タイプのピッチャーが少なくなってしまったが、往年の江川さんなどはストレートのキレが尻上がりに増していったものだ。

スムーズなフォームを実現させるための最大のカギは、柔軟性である。その中でもとくに私が重要視しているのが、股関節と肩甲骨を滑らかに動かすための柔らかさだ。

体は柔らかいのに、股関節などの関節系が硬いという人は結構いる。柔軟性はあるものの、関節の可動域が狭い。そういうタイプの人は、スポーツをした時にケガをすることが多い。

スポーツをする前にストレッチをする人は多いと思うが、冷たいゴムをいきなり伸ばしたら切れてしまうように、体が冷えた状態でストレッチをしてもそれは逆効果である。ストレッチをするならば、体はしっかりと温まった状態でなければ意味がない。つまり、準備運動の中でストレッチをするのではなく、ランニングなどをして体が温まった後にストレッチはするべきなのだ。

また、スクワットなどの下半身トレーニングをする際に、太ももや膝だけではなく、股関節を意識するだけで可動域を少しずつ広げていくことができる。

肩甲骨のストレッチは、肩の故障予防のためにも毎日こまめに行ってほしい。もちろん、体はしっかりと温まった状態で行うこともお忘れなく。

エースとは、かくあるべき

先発ピッチャーの代えどころの見極めに関して、桐光学園の野呂監督にこんな話を聞いたことがある。

2011年、夏の神奈川大会決勝戦（桐光学園対横浜）。桐光の先発は当時1年生の松井裕樹（東北楽天ゴールデンイーグルス）だった。

松井は好投して横浜打線を無失点に抑えていたが5回、トップバッターに二塁打を浴びると、野呂監督はすぐさま継投策に打って出た（最終的に、試合は延長10回サヨナラで横浜が勝利）。

その後、桐光と練習試合をした際、私は野呂監督になぜあんなに早く松井を代えたのかを聞いてみた。すると野呂監督は「松井はあそこまでだから（5回に崩れることが多いから）、すぐに代えた」と話してくれた。

野呂監督は、練習試合で「このピッチャーは何イニング持つ」ということを見極めるのが自分の仕事のひとつだと仰っていた。

私もある程度は野呂監督と同じ考えだったのだが、ピッチャーには「火事場のクソ力」というものがある。だから「このピッチャーは5回までかな」と思っても「まだ踏ん張ってくれるのではないか？」と期待して続投させたりすることが多かった。

しかし、野呂監督の話を伺ってからは、「このピッチャーはここまで」というラインを練習試合である程度見極めて、それを公式戦で生かすようにしている。

私の「このピッチャーはここまで」というラインは基本的に5回、7回までである。経験を積ませながら、5回まで投げられるようになったピッチャーには7回を目指させ、7回まで投げられるようになったピッチャーには完投を目指させる。そうやって練習試合を繰り返しながら「エース」を作っていくのだ。

今の高校野球は、ひとりのピッチャーだけで勝ち抜くことはできない。横浜の元監督である渡辺さんは「優勝するには準決勝、決勝の18イニングをひとりで投げられるエースを作ることが必要」と仰っていたが、球数制限などもある今の高校野球ではそれもなかなか厳しい。うちの投手陣には「エースになりたいならそこを目指せ」とは話すものの、実際には複数の投手で戦うことになる。

味方が打てない時、相手を0点に抑えて勝ちを呼び込むのがエースである。勝負はやってみなければわからない。下馬評でうちが圧倒的有利でも、まったく打てずに負けた試合が今まで何度もあった。しかし、そんな試合でこそ、相手を0点に抑えてチームを勝利に導くのがエースの仕事だと思う。

エースは、普段の練習から誰よりも真剣に取り組み、その背中でチームを引っ張っていけるような存在でなければならない。

「あいつが投げているのだから、絶対に勝たなければ」

「あいつが打たれて負けたのなら、しょうがない」

チームメイトにそんなふうに思ってもらえるのが、真のエースなのだ。

私が東海大菅生で指揮を執るようになってから、真のエースだと思えたピッチャーがふたりいる。それは、勝俣翔貴（2015年センバツ出場）と松本健吾（2017年夏の甲子園ベスト4）である。

ふたりに共通しているのは、誰よりも練習していたということである。だからチームメイトからの信頼も厚かった。

それ以外にプレーの面でいえば、勝俣はフォアボールなどもたくさん出すが、どんなピンチになろうとも笑顔でそれを乗り越えてしまう強さがあった。2アウト満塁、フルカウント。ここで1点取られたらおしまいという絶体絶命の局面で、自分の最高のボールが投げられる。精神的な強さでいえば、勝俣は東海大菅生で歴代ナンバー1である。

本校を甲子園ベスト4に導いてくれた松本は、ひと言でいえばとにかく真面目。しかし精神的なもろさがあったので、私にさんざん怒られながら精神的な強さを獲得して、一本立ちしていった。彼は「勝ち運」も持っていて、先発して3年間負けなし。甲子園で負けた準決勝でも、彼に負けはついていない。

2021年のセンバツで活躍してくれるであろう本田も、真のエースになれる可能性を秘めている。驕ることなく、腐ることなく、どんな時も淡々と自分の役割をこなす。そんなピッチャーになってくれればいいと思う。

ジャイアンツドラ1・髙橋優貴の高校時代

2019年のドラフトで、読売ジャイアンツから1位指名を受けて入団した髙橋優貴は、本校から八戸学院大学へ進学して念願のプロ入りを果たした。うちにいた3年間、彼は私の思いをことごとく裏切り続けたピッチャーである。試合で投げては負け、大事なところでポカをしては負け、本当に頼りにならないピッチャーだった。

今でもよく覚えているのは、髙橋が2年生だった時の春の大会の準々決勝。二松学舎戦に彼は先発して私たちは0－23で負けた。

髙橋にはたくさん裏切られたが、無駄のないきれいなフォームで投げていたため、私は「このまま投げ続けていれば、きっといいピッチャーになる」と思っていた。そんな理由もあって、まだ2年生だった夏の大会で彼に背番号1を渡した。しかし、結果はさんざんだった。

4回戦の多摩大聖ヶ丘戦では、2点リードの9回表に登板してタイムリーで1失点、押し出しで1失点、さらにはボークで逆転された（ただ、その後1年生の勝俣がサヨナラタイムリーを打って勝つことはできた）。その夏の大会の髙橋は、一事が万事そんな調子だった。

髙橋は真面目な選手だったので、練習は誰よりもしていた。冬に厳しいトレーニングをさらに積み、球速も中学時代は110キロ台だったのが130キロ台中盤にまでアップしていた。

そんな彼に期待して臨んだ3年生の春の大会。4回戦の日大三戦で先発させると、なんと初回に10失点。それでも私はなぜか、髙橋を外す気にはまったくなれなかった。

その頃の髙橋は投げ方はきれいだったが、やや横投げになっていたのでその修正に取り組むことにした。上から投げる感覚を摑んでもらうために指揮棒を持たせて、シャドウピッチングをしたこともある。元々は真面目でコツコツと努力をするタイプなので、フォーム修正の成果は徐々に表れ始めた。球速は140キロを超え、夏の大会に入ると彼の球速はマックス145キロを記録した。

髙橋と臨んだ最後の夏は、ここまでに何度か述べた準決勝・日大三戦に勝ち、浮かれた私たちは決勝・日大鶴ヶ丘戦を1－2で落とし、甲子園出場はならなかった（2試合ともに髙橋はリリーフ登坂して好投した）。

あれだけ悔しい思いをして、さらに練習では私から怒鳴られ続け、それでも髙橋は最後まで努力を重ねた。自分で思うようなプレーができず、人知れずグラウンドの脇で泣いているようなこともあった。でも彼は自分をあきらめなかった。そのまま大学に進学して野球を続け、夢だったプロ入りを果たした。

中学時代の髙橋は、地元のシニアチームで2番手、3番手の存在だった。球速も110キロ台といたって普通のピッチャーである。しかし、そんな選手でも努力すればプロ野球選手になることができる。彼の生き様は、野球少年たちに夢を与えてくれるものだと思う。あとはその野球少年たちにさらに夢を与えてあげられるよう、プロの1軍のマウンドでの活躍を祈るばかりである。

髙橋はまだ、自分の「勝ち運」をまったく使っていない。高校時代もまったく使うことのなかったその「勝ち運」を、これからプロの世界で存分に発揮してがんばってほしいものだ。

中学生選手を見る時、どこを見ているか

強豪校の中には、有力な中学生を入学させるためにスカウティング担当のスタッフを置いているようなところもあるが、本校では私がたまに視察に行くくらいで、スカウティングにはそこまで力を入れていない。東京、神奈川、千葉、埼玉の強豪私学の中でも、

私は中学生情報を一番持っていない監督だと思う。

シーズン中はチームの活動に集中したいので、視察に行くのはオフの土曜の午前中くらいのものである。近隣に点在する知り合いの中学クラブチームから「いい選手がいますよ」と話があれば、試合を見に行ったりすることもある。沖縄などにも視察に行くことがたまにあるが、それは「確実に東海大菅生に入学してくれる」という手応えのある時だけだ。滅多に遠方に出向くことはなく、愛知に行くことが多いくらいだ。だから、本校の野球部に在籍している首都圏外出身選手のほとんどは、自らの意思でうちを選んで入学してきた選手ばかりである。

中学生を視察する時、どこを一番見ているのかと聞かれることがあるが、正直に申せば「ここを見ている」というポイントはない。

「足が速いか」「肩は強いか」という基本的な部分は、もちろんチェックするし、現場の指導者の意見にも耳を傾ける。しかし、私は選手の身長にもあまりこだわらないし、それ以外に細かい部分のチェックを自分ですることはない。

あえて言うとするならば、その選手のグラウンドでの佇まいや醸し出している雰囲気は見ているかもしれない。ユニフォームをちゃんと着こなしているか？　ユニフォーム姿が様になっているか？　これは、私の考える「いい選手の最低条件」である。

また、ピッチャーならマウンドでの仕草を見るし、バッターなら打席で醸し出す雰囲気を見る。これらはいずれも私の感覚的な見方なので、何をもって「いい・悪い」とするのかは細かく説明することが難しい。

強豪校の中には、左ピッチャーが好きなために、優先して左ピッチャーを視察している監督さんも結構いるようだが、私はピッチャーにしろ、バッターにしろ、右左のこだわりや好き嫌いはない。これは余談になるが、そもそも私はあまり左ピッチャーを信用していない。

チームの投手陣の構成の中に左ピッチャーがいるのに越したことはないが、私の過去の経験や先輩監督たちからの助言などによると「左ピッチャーは肝心な時にポカをする」傾向が強い。

もちろん、すべての左ピッチャーがポカをするわけではない。しかし私の経験からすれば、左ピッチャーは右ピッチャーに比べるとやや信用ならないところがある。先ほども述べたが、高校時代の髙橋優貴には幾度も痛い思いをさせられた。

少々乱暴な話をしてしまったが、そうは言っても2021年のセンバツに本校が出られるのは、エース左腕の本田がいてくれたからである。しっかりした左ピッチャーを擁して甲子園に出られるのは、私自身初めてのことだ。本田がこれからどこまで成長してくれるのか、本当に楽しみだ。

第5章

東海大菅生の走攻守

基本にあるのは、守り勝つ野球

練習の一日の流れ
――自主トレと睡眠時間確保も重要

現在の東海大菅生野球部のスタッフは監督である私と部長、副部長、さらにコーチが2名（学校の教員と事務員）、学生コーチが1名、外部コーチが1名である。この中で部長は直接指導には携わっていないので、練習を見ているのは私を含めスタッフ6名だけである。野球に力を入れている私学の中で、指導スタッフの数としてはそれほど多くないのではないかと思う。

このように、うちは決して多いとはいえないスタッフ数で、100名を超える選手を見ている。だからこそ、充実した練習をしていくには選手自身が自発的に考えて、動くことが求められる。そういったことから、選手の自主性を育むにはこのくらいのスタッフ数がちょうどいいと思っている。

以前はプロ野球のようにピッチングコーチ、バッティングコーチなど、部門ごとにコーチを振り分け、その分野の指導は専属コーチに任せてきた。しかし、先ほど述べたように2014年頃から私も考え方を改め、ノックも自身でするようになったし、全体を統括して見るようにもなった。気になる部分があればその都度、私が各スタッフに要望を伝え、選手たちに指示・指導をしてもらうようにしている。

次項で詳しく述べるが、平日の全体練習の時間は放課後の3時間だけである。その後、選手たちは寮（もしくは自宅）に帰り、寮生は20時頃までに食事を終える。そこから消灯の23時までが自由時間となる。この時間に選手たちは、自主トレや自習、洗濯など自分のやるべきことをやる。2021年1月現在の野球部員（2年生33名、1年生30名の計63名）のうち、寮で生活している選手は48名である。

寮の横には大きな室内練習場があり、4人が同時にバッティング練習をできるスペースが確保されている（ピッチングマシンは2台）。また室内練習場の外にも、ティーバッティングなどができる鳥かごが設けられている。室内外での練習は上級生、下級生、分け隔てなくできるようにしている。向上心の強い1年生などは、レギュラークラスの3年生にくっ付いて、教えを請いながら練習したりしている。

私は、この20時から23時までの3時間が、選手にとって非常に大切な時間だと考えている。自分に足りないものは何なのか、チームに貢献するにはどうしたらいいのかを考え、それを補うための練習をしていく。ただ漠然と素振りや打ち込み、守備練習をしていても、あまり身にはならない。時間は限られているわけだから、それをいかに有効に使うかを考え、常に目的を持って練習していくことが大切なのだ。

秋の大会終了後の11、12月から2月の間は、各選手がバットの振り込み数を設定して、その数に従って毎日バットを振るようにしている。たとえば1日だいたい700本と決めたら、それを1週間（月曜はオフなので実質6日間）で何本、1カ月で何本、3カ月で何本と最初に設定して、その数字をクリアできるように毎日バットを振り込むのである。オフにこの振り込みを行うようになって3～4年経つが、チームの打撃力は明らかに上がってきているからその成果を実感する。

大会前など、場合によっては23時を過ぎても自主トレをしている選手もいるが、それは監督やコーチに申告して、許可が出ればOKとしている。

また、23時を過ぎても勉強したい場合は自室ではなく、ミーティングルームで行うようにしている（寮の部屋は相部屋なので他の選手の迷惑になるため）。

朝5時に起きて、自主的に朝練習を行っている選手もいる。ただ、いずれにしても睡眠も心身の成長を促す上で欠かせないものである。睡眠も練習と同じくらい大切なものなので、選手たちには7〜8時間の睡眠時間は確保するように伝えている。

平日の練習は3時間

平日の練習は、授業が終わった16時から19時までの3時間だけである。月曜はオフにしているので、平日練習は実質火曜〜金曜の4日間。水曜は、練習の中に必ずウエイトトレーニングを入れるようにしている（内容に関しては後述）。週末の土日は、練習試合となる（シーズンオフはトレーニング）。

月曜は一年を通じてオフにしているが、自主トレは許している。また、Bチームは月曜に練習を行う場合もある。

シーズン中の平日練習（水曜以外）のスケジュールは、おおよそこんな感じである。

［平日練習の内容］

16時〜　アップ、キャッチボール

16時30分～　シートノック
18時～　シートバッティング
19時　終了

本校では、基本的に平日はフリーバッティングを行わない（水曜に行うことはある）。また、このスケジュールを見ておわかりの通り、3時間しかないので細かい練習はあまり入れられない。

そういったことから、シートノックは必ずランナーを入れて行い、シートバッティングでも各塁にランナーを付けて、目的意識を持たせて走塁練習をさせている。これも時間を有効活用するためのやり方である。

毎日のノックは私が必ず行う。その後、バッティング練習に移行してからは、私はバックネットに隣接する建物（監督室が2階にある）から練習を見守る。

監督室から練習を見るのは、打っている選手だけでなく全体が見渡せるからだ。ここからなら、守備や走塁をしている選手の動きもすべてチェックできる。気になることがあれば、2階からそのまま指示を出す。

東海大菅生は「守り勝つ野球」をしていこうと考えている。だから、平日の練習はここでご説明したように守備練習がメインである（夏の大会前などは、守備練習だけで終わってしまうような時もある）。シートバッティングの際も、守備は生きた球で練習できるので集中して取り組むように指導している。

正しい投げ方（腕の振り）は「投げ釣り」&「バレーボール」をイメージ

新入生たちに「正しい投げ方を説明してみろ」と聞いても、ちゃんと説明のできる選手はほとんどいない。でもこれはうちの新入生に限らず、野球をしている人みんなが知っているようで知らない基本である。

正しい投げ方とは、言い換えれば「正しい腕の振り」となる。肩から肘、手首、ボールへとどのように力をスムーズに伝えていくか。腕の振りが正しくなければ、持てるパワーがボールにちゃんと伝わらないどころか、肩や肘を痛める原因にもなってしまう。だから私は新入生たちにだけでなく、普段から気になった選手には正しい腕の振りをその都度指導するようにしている。

正しい腕の振りをわかりやすく言えば、投げ釣りの竿のようなしなりを使った腕の振りである。竿を振る時、横ではなく縦に振る。肘から手首へとしなるように前に出てきて、最後に釣竿の先端がピュッと走るように手首を走らせる。この腕の振り方を覚えれば、力みのない楽なフォームでキレのあるボールが投げられるようになる。

投げ釣りの要領でイメージが伝わりづらければ、バレーボールのスパイクをする時の腕の振りをイメージしてもらうといいかもしれない。

バレーボールのスパイクの腕の振りは、釣竿のように腕をしならせ、最後に手の平の部分を走らせてボールを叩く。この腕の振りこそが、野球でも速いボールを投げるコツといってもいいだろう。

私がこのような考え方に至ったのは、中日ドラゴンズでお世話になった石井昭男さんの影響である。石井さんはバッティングコーチだったが、東海大相模、東海大、中日ドラゴンズと私の直系の先輩にあたり、ドラゴンズでもとても気に掛けていただいた。

指導を仰ぐ中で、石井さんからある日聞いた言葉が「野球の正しい動きというのは、他のスポーツで考えてみるとよくわかるよ」というものだった。

その中で正しい腕の振りの話も出てきたのだが、その他にも石井さんは独学で得たいろんな持論、情報を持っていた。しかし、私にはどの話もチンプンカンプンで当時は話半分でうんうんと頷いて聞くだけだった。

ところが、引退後にいろいろと勉強していくと、「あ、石井さんがあの時言っていたのはこういうことか」と気付くことが度々あった。ドラゴンズ時代に石井さんから学んだことは、今では私の教科書となっている。

みなさんも、野球をしていてもし悩むようなことがあったら、他のスポーツの同じような動きを検証してみるといいと思う。もしかしたら、そこに悩みや疑問を解く、大きなヒントが隠されているかもしれない。

ノックではランナーも入れてより実戦的に

ノックはまず、内外野に分けて始める。内野はボール回しの後、オール・ファースト、ゲッツーを各3本ずつぐらい行う。

そこまで済んだら、ピッチャーを入れてシートノックを行う（各ポジションの人数はだいたい3～4名程度）。うちではこのシートノックの際、ランナーも入れて行うことが多い。

ランナーを入れるのは、限られた時間を有効に使うためである。ランナーを入れたほうがより実戦的になるし、ランナーの走塁練習にもなる。このような一石二鳥の練習方法をシートバッティングなどでも取り入れている。

ランナー入りのシートノックは、2アウト・ランナー三塁の状況から始める。すべてのポジションは定位置。要は「エラーをしたら失点」というプレッシャーのかかる状況からノックを始めるのだ。

アウトカウントとランナーの設定は、次のようなパターンである。

【内野】

2アウト・ランナー三塁

ノーアウト・ランナー一塁／1アウト・ランナー一塁

ノーアウト・ランナー二塁／1アウト・ランナー二塁

ノーアウト・ランナー一二塁／1アウト・ランナー一二塁
ノーアウト・ランナー一三塁／1アウト・ランナー一三塁
1アウト・ランナー三塁
ノーアウト・満塁／1アウト・満塁

［外野］

1アウト・一塁
1アウト・一二塁
1アウト・二三塁
1アウト・満塁
2アウト・二塁（サヨナラのランナーという設定）

これがシートノックの設定である。長い時には、すべてを終えるのに2時間ほどかかることもある。ただ単調なノックは打っていても長く感じるが、このランナーを付けてのシートノックは時間の長さをまったく感じさせない。それだけ集中し、緊迫感を持って私も選手もノックに取り組んでいるということなのだろう。

私は選手たちにさらにプレッシャーをかけるために、エラーやミスに対しては逐一怒鳴りつける。その緊張感からか、シートノックを受けていると吐きそうになるという選手もいる。だが、選手たちに精神的にタフになってもらうためには、日頃から何事もプレッシャーを感じながらプレーする必要があると私は考えている。

守り勝つ野球
――適材適所の考え方

私はピッチャー出身ということもあり、ノックは行うが守備の細かい指導に関しては外部コーチに任せている。

選手たちはその外部コーチに基本からしっかり教わり、さらに下級生は上級生から教わったり、いいところは真似たりしながら個々の技術を磨いている。

「守り勝つ野球」の根幹をなす守備の布陣の要は、やはりセンターラインである。中でもショート、セカンド、キャッチャーの3ポジションはもっとも重要だと考えている。

私の考え方では、内野手で一番うまい選手をショートに、そして守備がうまく、肩の強い選手をセカンドに配置する。

セカンドに適材を配置できると、その代は間違いなく強くなる。甲子園でベスト4になった時のセカンドはキャプテンの小玉佳吾（東海大）という選手だったが、彼は肩が滅法強く動きも俊敏。その強肩スローで、何度もチームをピンチから救ってくれた。

セカンドの肩が強いと、ゲッツーがより多く取れる。ショートやサードからの送球が多少悪くても、その肩の強さでカバーしてくれるのだ。また、外野からの送球を受けて、一塁ランナーを三塁でアウトにしてくれることも度々あった。

外野はバッティングがよければ、守備力は度外視して使うというチームも結構ある。私の恩師である原貢監督も「攻撃的野球」を基本スタンスにしていたので、守備力よりも打力を重要視していた。原監督の考え方は「守備は、1試合で一度も打球が飛んでこないことがある。だったら、必ず打順が回ってくるバッティングを重要視するべきである」というものだった。

しかし、私は守備のミスによる痛い敗戦を幾度も経験してきたし、守備力がなければ激戦区の東京では勝ち上がっていけないこともわかったので、原監督のような攻撃的な布陣を組もうとは思わない。

だから外野の守備にしても、多くのチームは「守備力はない（あるいは肩がない）が打力はある」という選手をレフトに使っていると思うが、私はバッティングがいくらよくても守備力がなければ、レギュラーでその選手を使うことはない。

レフトと同様に「守備力はないが打力はある」という選手が置かれやすいのが、ファーストである。ただ、そうはいっても、ファーストはアウトを積み重ねていく重要なポジションでもある。内野手からの悪送球（ショートバウンド）をうまく捕ってくれるファーストがいると、チームは大変助かる。

ショートバウンドをうまく捌くのはセンスによるところも大きいが、何よりも練習を積むことである。もし「打力はあるが守備力が……」と悩んでいる現役球児がいるなら、私はショートバウンドを捕る技術を磨き、ファーストで勝負することをお勧めする。

根拠なき盗塁は許さない

守り勝つ野球を実践していく中で、攻撃面では機動力は欠かせない要素である。超一流のピッチャーからはそうそう連打は望めない。安打数が少なくても、得点を挙げるにはどうしたらいいのか？　それを考えれば、自ずと答えは機動力に行き着く。

とはいえ、平日の練習は3時間と限られているし、土日は練習試合が中心である。走塁練習ばかりに時間を割いてもいられない。そこで私たちは、シートバッティングやシートノック、さらにフリーバッティングといった練習をしている時にランナーを配し、いろんな設定、パターンでの走塁技術を磨いている。

シートノックの際のランナーについてはP166でご説明した通りである。その他に、シートバッティングの際は「〇アウト・ランナー〇塁」と状況を設定し、バッティング技術とともに走塁技術も磨くべく練習をしている。

また、フリーバッティングでは、各塁のランナーの前に防護ネットを置き、そこでバッターの打つ打球を見て、判断するトレーニング（スタートを切る、止まる、戻るなどの打球判断）も行っている。

走塁とは、盗塁だけのことではない。打球の強さ、行方、野手の動きなどを総合的に見て瞬時に判断し、低い姿勢のままスタートを切る。これをしっかりとできる選手が多ければ多いほど、そのチームの得点力はアップする。だから私は、走塁練習で何度も同じようなミスをする選手には厳しく接する。

うちでは、基本的に盗塁は選手の自由にしている。もちろん、盗塁のサインを出す時もあるが、出塁したら基本的にはグリーンライト（青信号＝ノーサインで盗塁可）。「行くな」というサインも決めてはいるが、あまり出したことはない。

Aチーム入りする選手たちはみな、普段の練習を通じて私がどのような走塁を求めているかを知っている。

「走っていい場面か？」

「配球は？（変化球が来るタイミングか？）」

「ピッチャーのクセを読んでいるか？」

私は根拠なき盗塁は許さないが、そこに正しい根拠があれば失敗をしても許す（間違った根拠ならばすぐに正す）。普段から練習、練習試合でこのように厳しい走塁練習を積み重ねているので、公式戦において「なんでお前、今走ったの？」ということは起きたことがない。

機動力を重視しているのでエンドランのサインも出すが、うちではエンドランよりもリスクの少ない、まず盗塁ありきのランエンドヒットのサインのほうが多い（バッターは、ストライクのストレートは打っていいという条件）。

私がエンドラン（ランエンドヒット）のサインを出す時は、機動力を行使するというよりも、その時の流れを変えたいという意味合いで出すことが多い。

膠着した状態が続いている時や、「ここで一気に行こう」という時などにエンドランのサインを出す。盗塁がしっかりできる選手が多ければ、無理にリスクのあるエンドランをやる必要はないと思っている。

また、近年の高校野球では、ノーアウト（もしくは1アウト）の状況で「3ボール1ストライク」になったら二盗をしてくるチームが非常に多くなってきた。走塁に力を入れている強豪ほど、このカウントになったら一塁ランナーが躊躇なく走ってくる。

盗塁が成功すれば、投球がストライクであってもその打席でのゲッツーは免れる。また、3ボール2ストライクからバントや右方向へのゴロを打つなどの戦術で、ランナーを三塁に進めることもできる。

そういったことから、私はうちのピッチャーには「ランナーが一塁にいる時は3ボールにしたらダメだ」ということはいつも伝えるようにしている。

相手の隙を突く走塁
――どんな時も先の塁を狙え

ランナーが一三塁の状況で、ディレードスチール（一塁ランナーが遅れたタイミングで盗塁などをしてわざと挟まれて、その隙に三塁ランナーがホームを狙う）を仕掛けてくるチームを今でもたまに見かける。

2アウトで、バッターボックスにいるのがヒットの期待できないバッターなら、「ここで是が非でも1点」と考え、このような作戦を用いるのはわかる。

ただ、うちがこのようなトリックプレーを戦術として用いることはほとんどない。しかし、選手たちには「こういうプレーもあるよ」「うちもやるかもよ」ということはしっかりと伝え、万が一作戦を決行する際、もしくは仕掛けられた際の対応はできるようにしている。

トリックプレー自体、私は戦術として嫌いではないが、一生懸命練習したとしても試合で多用できる作戦ではない。練習時間も限られている中、トリックプレーをすることがうちに有効なのか？　とてもそうは思えないので、私たちはトリックプレーには積極的に取り組んでいない。

それよりも、私は選手たちに「相手の隙を探せ。そしてその隙を突いて先の塁を狙え」と常に言っている。

「機動破壊」の異名を持つ、健大高崎と以前練習試合をした時のことだ。健大高崎の攻撃、ランナーは二塁だった。うちのピッチャーが二塁牽制を悪送球した。ランナーは当然三塁へ向かう。センターがカバーに入って捕球、ボールをショートに返した。そこに隙があった。センターのカバー、送球、受け取ったショートの緩慢な動きなど、野手が油断している隙を突いて、ランナーは三塁でストップすることなくホームを狙いセーフ。油断したセンターと内野手はその後叱ったが、これこそ、うちの選手たちにも目指してほしい走塁である。

２０１５年の夏の甲子園の決勝は、東海大相模対仙台育英だった。６－６の同点で迎えた９回表、東海大相模の攻撃。エースの小笠原慎之介（中日ドラゴンズ）がホームランを打って勝ち越し、その後も連打で得点を重ねた。そして、その中にこんなシーンがあった。

1アウト・ランナー二塁。バッターが右中間に大きなフライを打ち、これをライトがダイビングキャッチで好捕した。だが、その後立ち上がって返球するまでの動きが緩慢で、中継に入っていた二塁手への送球が遅れた。この時、二塁ランナーは当然タッチアップしたのだが、スタートを切った瞬間から明らかにホームを狙っていた。ランナーは三塁で止まることなくホームを目指し、楽々ホームイン。

このプレーは、普段からチームとして心がけていなければできない走塁である。東海大相模の相手の隙を見逃さない、そつのない走塁は日々の意識付けの成果といえる。これは、本校も大いに見習わないといけない走塁である（また、守備側としては、そのような隙を絶対に作らないという意識付けも必要である）。

ランナー三塁の極意

私たちはランナー三塁の時、ピッチャーゴロ以外ではランナーがホームインできる走塁を目指している。

通常は、スタートを切るタイミングがゴロゴーなのか、ギャンブルなのか、抜けたらOKなのかを事前に指示する。しかし理想としては、ひとりでも多くの選手にピッチャーゴロ以外ならホームでセーフになる走塁をしてほしいと考えている。

この走塁は、ある意味ギャンブルスタートに近いが、フライが上がったらすぐに戻らなければならない。今のチームには、このスタートを切れる選手が何人かいる。でも、他のすべての選手も走塁の技術を磨き、このスタートが切れるようになってほしい。

どの塁にいても、いいスタートの切れる選手がいるとチームは助かる。2020年のコロナ禍で行われた秋季東京大会の準決勝、関東一戦で走塁のうまい岩田一真（当時2年）が見せてくれた。

試合は取って取られてのシーソーゲーム。6－5の1点リードで私たちが9回表の攻撃を迎えた。ここで、トップバッターだった8番の岩田が、フォアボールで出塁。プレッシャーのかかる場面だが岩田は難なく二盗に成功した。続く9番・代打の当たりは浅いライトフライだったが、岩田はタッチアップして三塁へと進む。

岩田はチーム随一の俊足と走塁技術を持っていた。そういう選手が三塁にいると、打つバッターも「ゴロでもフライでもＯＫ」と楽な気持ちで打席に立てる。1アウトから

1番バッターの千田光一郎がセンターフライを打ち、岩田は悠々セーフ。最終回の守備に入る際、選手にかかるプレッシャーは、1点リードと2点リードでは大違いである。岩田がもぎ取ってくれた1点が決め手となり、私たちは9回裏の関東一の攻撃を無失点に抑え、7－5で勝利した。

この最終回表の攻撃で、私は岩田がフォアボールで出塁した瞬間に「これで1点はいける」と確信した。岩田も自分のすべきことがわかっているので、いつも通りの走塁をしてくれた。岩田は、決勝の日大三戦でも貴重な追加点につながる盗塁をした。2021年シーズンに岩田は3年生になった。自慢のその足で、これからもチームのピンチを救ってくれることだろう。

ランナー三塁といえば、高校野球ではスクイズが定番の戦術である。もちろん、私もスクイズやセーフティスクイズのサインは、ここぞという時には出す。

だが近年の傾向として、三塁ランナーのスタートを見て、右ピッチャーは瞬時に外すのが当たり前になっている。それだけに、三塁ランナーのスタートするタイミングも重要になってくる（あまりにスタートが早いとピッチャーに楽々と外されてしまう）。今後は、ランナーのスタートを切る技術とともに、バッターのバント技術も高めていかなければならないだろう。

元シェフが作るおいしい食事で体作り

寮で生活している選手たちの食事は、委託している運営会社が栄養のバランスを考え、和洋中を織り交ぜた飽きのこないメニューを考えてくれている。

しかも調理責任者である峯岸亭さんは、横浜ベイシェラトンや京王プラザホテル、東京全日空、ハイアットホテルなどの有名ホテルでフレンチのシェフをしていた人なので、食堂のテーブルに並ぶのは見た目にも華やかな食欲をそそるメニューばかりだ。

ご飯は、一度の食事（朝昼晩）で摂取する最低限の量を定めている。

・朝　４００グラム
・昼　４００グラム
・夜　１キロ（茶碗１杯５００gを最低２杯）

※夜の自主トレ後に食べられるようにおにぎりも用意

ご飯を一度に3杯も4杯も食べろと、一昔前のような無茶なことは言わないが、このように一日で約2キロのご飯を摂取させつつ、食べることの重要性も選手たちにいつも説いている。

調理責任者である峯岸さんは2017年に赴任してきたのだが、峯岸さんが調理をするようになってから選手たちの食欲は増し、体格も格段によくなった。同じ年の夏に私たちは甲子園出場を果たし、準決勝まで進むことができた。選手たちが夏バテせず、いい結果を残すことができた要因のひとつは、間違いなくこの「おいしい食事」にあると思っている。

夏になると食欲が落ち、調子を崩す選手は少なくない。でもそのような体力では、夏の激戦を勝ち上がっていくことは難しい。夏バテしない強い体を持つには、普段からしっかりとバランスの取れた食事をすることが一番である。そういった意味で、現在の寮のおいしく、バラエティに富んだメニュー構成は高校球児に最適である。

メニュー構成は選手たちが好きなものを第一に、さらにそこから栄養面のバランスを考えて作ってくれている。今冬はコロナ禍もあってできなかったようだが、冬の鍋料理は選手たちにも大人気だ。

実は先述した峯岸さんは、私が監督就任後2年目にキャプテンをしていた選手のお父さんである。その腕が確かなことは知っていたので、私からお願いして寮の調理責任者になっていただいた。

お母さんの作った料理がおいしいように、調理する人の愛情が込められた料理は、そのおいしさを2倍にも3倍にもしてくれる。峯岸さんの作った食事がおいしいのは、選手たちへの愛情がたっぷり詰まっているからなのだろう。

ウエイトトレーニングで強い体を作る

選手の体作りとして、うちでは第3章の冬合宿でご紹介したようにシーズンオフに走り込み、さらにはウエイトトレーニング、体幹トレーニングなどの徹底したトレーニングを行っている。

シーズン中のウエイトトレーニングは水曜と日曜の2回。それが冬合宿では毎日行うことになる（冬合宿ではランメニューも毎日行う）。

本校で行っているウエイトトレーニングとランメニューは、次のような感じである（ランメニューに関してはコロナ禍にあったため、例年よりだいぶ抑えめにしている）。

［ウエイトトレーニング・上肢］

①ベンチプレス

・10回（MAX〈自分が挙げられる最大重量〉のマイナス25キロ）
・6回（MAXマイナス15キロ）
・3回（MAXマイナス5キロ）
・10回（MAXマイナス20キロ）
・足上げ10回（MAXマイナス20キロ）※足を浮かせた状態で行う

②バックプレス　※ベンチ台に腰をかけて後頭部側でバーベルを上げ下げする
・20回×5セット　重量30キロ（ベンチプレス80キロ以上の者）

重量20キロ（ベンチプレス60～75キロの者）
重量10キロ（ベンチプレス55キロ以下の者）

③ベントオーバーロー　※中腰の姿勢（ニーベントスタイル）で上げ下げする
・20回×5セット　重量（②と同じ）

④サイドレイズ　※腕を伸ばした状態でダンベルをそのまま横に上げ下げする
・10回×3セット　重量6～10キロ（※選手の体力に応じて）

⑤懸垂
・10回×3セット

【ウエイトトレーニング・下肢】

①スクワット
・12回（MAXマイナス30キロ）

・10回（MAXマイナス20キロ）
・8回（MAXマイナス10キロ）
・10回（MAXマイナス20キロ）
・12回（MAXマイナス30キロ）

②ランジ　※片足を大きく前に踏み出し、元の状態に戻る。それを片足ずつ繰り返す
・片足10回×3セット　重量20〜40キロ（※選手の体力に応じて）

③サイドランジ　※片足を大きく横に踏み出し、元の状態に戻る。それを片足ずつ繰り返す
・片足10回×3セット　重量（②と同じ）

④スクワットジャンプ
・10回×3セット　重量20キロ

⑤アブダクション　※横向きに寝た状態で片足を上に上げる（ゴムバンドの負荷付き）

・1分キープ　（5セット）
・シェイク30秒（5セット）　※片足の上げ下げを繰り返す

続いて、2020年の冬合宿で7日間行ったランメニュー（下半身トレーニング）をご紹介したい。「フェンスダッシュ」とあるのは、グラウンドの端から端まで約170mを30秒で走り切るメニューである。

【ランニングメニュー（冬合宿）】
・1日目　フェンスダッシュ20本／馬跳び・両足ジャンプ
・2日目　フェンスダッシュ15本／体幹トレーニング／プライオメトリクス（ジャンプ系）
・3日目　フェンスダッシュ10本／アニマル／股関節トレーニング（伸脚など）
・4日目　フェンスダッシュ10本／30分間走
・5日目　フェンスダッシュ20本／馬跳び・両足ジャンプ
・6日目　フェンスダッシュ15本／体幹トレーニング／プライオメトリクス（ジャン

プ系）
・7日目　フェンスダッシュ10本／アニマル／股関節トレーニング（伸脚など）
※プライオメトリクス＝ジャンプ系トレーニング（スクワットジャンプ・両足ジャンプなど）
※アニマル＝四足歩行、カエル跳びなど

ここまで挙げたメニューが、主なウエイトトレーニングとランメニューである。この他にも、敷地内の坂道を利用したダッシュなども随時取り入れ、選手たちの肉体強化に励んでいる。

首都圏の強豪校と練習試合
――地方にも定期的に遠征

本項では、私たちがどのようなチームといつも練習試合を行っているのかを簡単にお話ししたい。

土日はAチームとBチームの二手に分かれて練習試合を行う。パターン的には、どちらかが遠征に出たら、もう一方はホームである本校グラウンドに対戦校をお招きすることが多い。

対戦相手は首都圏のチームがもちろん多いが、定期的に地方にも遠征を行い、各地の甲子園常連校と練習試合をする（Bチームは、首都圏近郊のチームとの対戦が多い）。

首都圏の中でもよく練習試合をするのは、私の母校、東海大相模のある神奈川のチームである。主だったところを挙げると東海大相模の他、横浜、桐光、横浜隼人、桐蔭、慶応、日大藤沢などだ。千葉では木更津総合を筆頭に千葉経大附、成田など。埼玉では浦和学院、花咲徳栄と試合をしていただいた。その他には群馬の前橋育英、山梨の東海大甲府、山梨学院などとよく練習試合を行う。

また、二松学舎（東東京）の市原監督とは親交があり、毎年夏の大会の直前、6月末に練習試合をし、東と西とでお互いの健闘を誓い合う。

学校の休み期間中には全国各地に遠征し、甲子園の常連校と試合をしていただく。

5月のゴールデンウィークには、毎年愛知に遠征し、「私学四強」のうちの3校である中京大中京、愛工大名電、享栄と試合をする。夏休みの終わりには、奈良の天理に行くのが恒例となっている。天理の中村良二監督は近鉄バファローズや阪神タイガースでプレーした元プロで、その頃からの縁もあって今では毎夏、試合をするようになった。

歴史ある強豪校と試合をすることにはいろいろな意味がある。

まず、全国レベルの野球を肌で感じることができるため、選手たちにとっては貴重な経験となる。「上には上がいる」ということを実感することで、選手それぞれがさらなる向上心を持って練習に励んでくれるようになる。

また各チームの挨拶、礼儀、気遣いなどに触れることで、自分たちの普段の生活を見直すいい機会にもなる。

このように全国の強豪校と試合をするのは、いろんな意義があるのだ。

「武者修行」という言葉があるが、やはりチームを強くするにはホームを出て、アウェイで戦うことが大切だと思っている。現状ではAチームのホームとアウェイの比率は半々だが、これからは遠征をもっと増やしていきたいとも考えている。

第6章

これからの高校野球を考える

指導者はどうあるべきか

選手の「気付く力」を育むゴミ拾い

公式戦の試合前、私たちが各球場に到着したらその後に必ず行うことがある。それはゴミ拾いである。球場周辺のゴミ拾いを始めてもう10年くらいになる。今ではそれが試合前に行うルーティンのようになっている。

ゴミ拾いを始めたきっかけは、昔うちにいたスタッフが選手たちにかけていたある言葉を聞いてからだ。

そのスタッフは選手たちに、

「ゴミがあったら拾えよ」

「部屋の整理整頓をしっかりやれよ」

とよく言っていた。でも、そのスタッフの普段の行いを見ていると、自分ではゴミを拾わないし、部屋の整理整頓もできていなかった。

「選手に言うのなら、まず自分で実践していないといけないのではないか?」

素直にそう思った。

そこで、私は自分でゴミ拾いを実践することにした。最初は、グラウンドや校舎周辺で気が付いたら拾う程度だった。しかし、私は凝り性なので、いったんやり始めるととことんやってしまう傾向がある。夏の大会の各試合前、私は学校から多摩川を挟んだ対岸にある阿蘇神社に、いつも徒歩で必勝祈願も兼ねてお参りをするのだが、その道中（往復2時間ほど）でもゴミ拾いをするようになった。ただ、往復すべての区間でゴミ拾いをすると、ひとりでは抱えきれないとんでもないゴミの量になってしまう。だから「今回はここからここまで」と範囲を決めてゴミ拾いをするようにした。

そしていつの間にか、そのゴミ拾いは公式戦試合前の各球場でも行うようになった。私は公式戦の試合前、ひとりでいろいろと考え事をしたくて球場のまわりをいつも散歩する。その際、ゴミ袋片手に「お世話になります」と心の中で球場に語り掛けながら、ゴミ拾いをするようになった。さらに、応援部隊の選手たちにも球場到着後、ゴミを拾わせるようにした。

以降は東京での春・夏・秋の公式戦はもちろん、甲子園に行った際も甲子園の周囲や練習場所となるグラウンドの周辺のゴミ拾いを行っている。

選手たちはゴミ拾いをしながら「こんなところにゴミを捨てるのはどんなやつだ」と思っているはずである。そしてそれは反面教師となって、自分が街なかでゴミを捨てるようなことは絶対にしなくなるだろう。

また、ゴミを拾うには、まずゴミに気付かなければならない。「ゴミに気付く」という気付きは、その他のいろんな気付きにつながる。野球は、いろんなことに気付くことが必要なスポーツである。気付きの多い選手、チームのほうが勝つスポーツといってもいい。ゴミ拾いで培われる気付きは、野球をプレーする上でも欠かせない要素なのだ。

私は選手たちに「お前たちはゴミを拾ってるんじゃない。運を拾っているんだ」という話もする。野球の神様は、普段の生活態度をしっかり見ている。ゴミを平気で捨てる人間がいるようなチームに、野球の神様は決して微笑んではくれない。

野球部の選手が、登下校の最中に何気なくゴミを拾っているところをたまに見かける。私は、そんなシーンを目にすると「ゴミ拾いを始めてよかったな」と思う。コロナ禍にある現在は、あまり活発にゴミ拾いもできない状況になってしまったが、この騒動が収束したら、またゴミ拾いを始める予定だ。

甲子園の魔物は、甲子園が終わった後に現れる

本書の中で繰り返し述べてきたが、私たちにとって甲子園を制覇して日本一になることは、あくまでもひとつの目標に過ぎない。長い目で見た時の私たちの目的は、人間形成である。学校生活と野球を通じて、それぞれの人間性を高めていく。それが私たちの真の目的だ。

「甲子園には魔物が棲む」

とよく言われる。甲子園では試合の最中、ちょっとしたことをきっかけに流れが大きく変わることがある。優勢だったチームが急に劣勢になったり、あるいはその逆に大差で負けていたチームが大逆転をしたり。そういった信じられないような光景を目の当たりにした時、マスコミや高校野球ファンのみなさんは「やっぱり甲子園には魔物がいる」「甲子園の魔物が出た」などと言ったりする。

確かに、甲子園では劇的な大逆転を目にすることが多いので、甲子園に魔物は棲んで

いるのかもしれない。でも私は、

「甲子園の魔物は、甲子園が終わった後に現れる」

ものだと思い、選手たちの指導に当たるようにしている。

甲子園に出場した選手たちは、地元に戻ってきた後の一定期間、スター扱いされてしまう。甲子園で活躍した選手ほど、どこに行っても厚遇される。

今の時代はＳＮＳなどもあるから、活躍した選手の名前は瞬く間に全国に広がる。どこに行ってもちやほやされるので、そこから「俺ってすごいんだな」と選手の勘違いが徐々に始まる。その勘違いは選手だけではなく、その親にも「うちの息子は特別だ」と伝染していく。

過去、甲子園に出場したうちのメンバーで、このような勘違いをしてしまった選手がいなかったわけではない。でも私は「東海大菅生野球部の目的は甲子園制覇ではなく、人間性を高めること」と常日頃から言い続けることで、勘違いしてしまう選手を最小限に止めてきたつもりである。

昔、私は父から、

「俺はお前のことを信じている。でも、信用はしていない」

と言われたことがある。当時はその真意をいまひとつ理解できなかったが、今は父の言っていた意味がよくわかるし、父もなかなかうまいことを言ったものだなと思う。私も、選手たちのことを信じている。でも、信用してはいけないと肝に銘じるようにしている。

選手たちを信用しないのは、監督としての危機管理術といってもいい。「お前たちを信用しているから」と聞こえのいい言葉で選手に責任を丸投げするのは、高校野球の監督としてあまりに無責任である。「もしかしたら、何かしでかすかもしれない」という想定をある程度しておけば、普段の生活指導も的確に対応できるようになる。

このような指導を続けていくことで、選手たちは精神的にも成長していく。甲子園出場後に選手が魔物に取り憑かれないよう、監督として、教師として、これからも選手たちを見守り続けていこうと思う。

鬼の目に涙はない
――だが唯一泣いてしまった卒業式

コロナ禍にあった2020年夏、東東京と西東京で行われた独自大会は最後に東西の代表（東が帝京、西が東海大菅生だった）が対抗戦を行った。

対抗戦を制し、頂点に立ったのは私たちだった。この代の選手たちに、私は例年にも増して厳しく接した。それだけに、最後までしっかり戦い抜いた選手たちは、本当によくがんばったと思う。

大会が終わった後、私は選手たちに「最後まで、本当によくやったな」と声をかけた。でも私の目に涙はなかった。そもそも、私は今まで選手たちの前で泣いたことがない。初の甲子園（センバツ）出場を決めた2014年の秋季大会決勝（二松学舎戦）後も、試合前は「勝ったら泣いてしまうかな」と思ったが、実際には涙は出てこなかった。

決勝後、「俺に涙はないのかな?」「俺は冷たい人間なのかな?」と思ったりもしたが、寮に帰ってきてからソチオリンピックでの浅田真央選手の演技を見て、私は号泣した

（浅田選手はショートプログラムで絶不調だったのだが、最後のフリーで素晴らしい演技を見せた）。「なんだ、俺も泣けるじゃん」と気付いた瞬間だった。

でも、2017年に初めて夏の甲子園出場を決めた西東京の決勝（早実戦）後も、私は泣かなかった。だから野球部の監督として、試合に勝った、負けたで泣いたことは今まで一度もない。

夏の大会での敗戦後、ミーティングで涙する監督さんの姿をテレビ等で目にすることがある。しかし、私は選手の前や人前で監督が泣くのは、そのほとんどの場合がちょっと演技も入っている（あるいは監督自身が自分に酔っている）ように思う。別に泣くのが悪いと言っているわけではないが、そのような涙はちょっと信用ならない。

このように、私はミーティングなどで自分から泣くことはないが、選手の意外な行動などで思わず涙がぐっと込み上げてきたことはある。

あれは、2017年の夏の甲子園、準決勝で負けた後の食事会でのことだ。本校の理事長が、最初の挨拶で選手たちに労いの言葉をかけてくれた。その挨拶が終わった直後、キャプテンの小玉佳吾が私のところにやってきて「最後まで勝負弱くて、すみませんでした（小玉は、9回裏2アウト・ランナー三塁の一打サヨナラの場面で、三振に倒れていた)」と言いながら、「初戦で勝った時のウイニングボールです」とボールを渡してきた。初戦以降、そのウイニングボールが行方不明になっていたので、心の隅で「あのボールはどこに行っちゃったんだ?」と思っていた。それを、最後にキャプテンがサプライズで手渡してきたのだ。

「こいつら、勝って喜んでいる最中にも、私の記念すべき甲子園1勝を大事に思ってくれていたんだな……」

この時は本当に目頭が熱くなったが、私は「泣いてたまるか!」と涙をこらえた。だが、生徒たちのある行為によって号泣してしまったことが一度だけある。それは、今お話しした甲子園ベスト4の代の卒業式でのことだ。

体育館での式典が終わると、卒業生はクラスごとに退場となる。その際、担任の先生の合図によって生徒は立ち上がり、担任の前を通過して退場していく。私も担任を持っていたので、自分が受け持つクラスに立ち上がる合図を出した。その時である。クラスには野球部の選手も何人かいたのだが、その選手たちが中心となって「ワカバ、ありがとう!」と生徒たちが一斉に声を上げた。

私は「厳粛な卒業式でなんてことを」と思うと同時にうれしさ、寂しさ、いろんな感情が込み上げてきて、生徒たちが退場した後に号泣してしまった。

基本的に鬼である私の目に涙はないのだが、時にアクシデントによって涙が生じることもある。これがその珍しい一例である。

コロナ禍で再確認した東海大菅生野球

前項でも少し触れたが、2020年の東京都の大会は直前までまったくどうなるかわからなかった。春夏の甲子園はなくなったものの、東京独自の大会が行われると決まった後、私は選手たちに「お前らは悲劇のヒーローじゃない。うちは最後まで、いつもと変わらず優勝を狙いに行く」と宣言した。

コロナ禍によってあらゆる大会が中止となり、3年生たちには気の毒なシーズンとなった。でも、私は選手たちに同情しなかった。多くの学校はこの独自大会に3年生主体で臨んだようだが、うちはいつも通り下級生も交えたベストメンバーで挑んだ。

日本一という目標がなくなったからといって、人間形成という最大の目的がなくなるわけではない。ならば、大会や試合がある限り、私たちは全力で勝ちに行く今までの方針を貫くだけである。この独自大会は特別に「毎試合ごとの選手登録」がＯＫだったので、その利点を最大限に生かしつつ、私はあくまでも勝ちにこだわった。

どんな窮地に立たされたとしても、最後まであきらめずに行動することでその後の何かが変わる。私はそのことを理解してほしくて、選手たちに吉田松陰の話をした。

１８５４年にペリーが浦賀に再来航した際、松陰は未来の日本のために海外で勉強をしようと密航を企てるも失敗し、投獄されてしまう。しかし、獄中にいた一年余りの間、松陰は読書に励み、毎日学問を学び続けたという。

同じ牢屋にいた囚人たちは、毎日勉強を続ける松陰の姿を見て「処刑されるというのに、なんでまた勉強するんだ」と聞いたところ、松陰は「知って死ぬのと、知らずに死ぬのとでは大違いだ」と答えたという。やがて、その姿に感化された囚人たちは松陰を囲み、勉強会をするようになったとされる（囚人と一緒に牢番も勉強会に参加していたという説もある）。

それから数年後、松陰は安政の大獄で処刑されることになるが、松陰の門下生たちが行動を起こして、明治維新を完成させる。松陰の獄中での姿、そして死ぬ直前まで続けた学問への飽くなき探究は、松陰が死してなお日本の夜明けへとつながっていったのである。

私は、この松陰の話を選手たちに聞かせた後、「甲子園はなくなった。でも、ここからお前たちがどう生きるかが問題なんだ。このような窮地でどういう行動を取るのか。そこでその人間の価値が決まる。性格がその人間の運命を決める。お前たちは決してかわいそうな存在ではない。最後までがんばり続ければ、奇跡が起きるかもしれないんだ」と伝えた。

そして迎えた独自大会。選手たちのがんばりで私たちは順調に勝ち上がり、8月7日の西東京大会決勝（対佼成学園）を延長10回4x－3のサヨナラで勝利し、3年ぶりに夏の西東京を制した。

その後、8月10日には東西対抗戦として、東の代表である帝京と東西決戦が行われた。そこで、最終回に2点差をひっくり返す大逆転劇を演じ、私たちは2試合連続のサヨナラ勝ちで東西を制して東京ナンバー1の座に就いた。

最後の最後まで、高い集中力で戦い抜いた選手たちは本当によくやったと思う。この貴重な経験があったからこそ、私たちはその後の秋の大会でも優勝することができた。

ちなみに、東西決戦を制したその翌日（8月11日）に、OBの手助けもあって神宮球場を借り、早実と3年生の引退試合を行うことができた。

ナイターで試合を行い、時間の都合で9イニングはできなかったが、3年生26名全員を試合に出してあげることができた。とてもいい雰囲気で試合は進み、8－7で私たちが勝たせていただいた。手助けしてくれた本校OB、そして快く試合をお受けいただいた和泉実監督と早実ナインに、この場を借りて御礼を申し上げたい。

高校野球の監督は教員であるべき
――「野球屋」では教育はできない

2020年、元メジャーリーガーのイチローが「学生野球資格回復制度」の研修を受けて、同資格を回復したことがマスコミなどで大きく報じられた（その後、イチローは12月に智辯和歌山で3日間にわたり指導を行った）。

かつて、元プロ野球関係者が学生野球（高校）の指導者になるためには、2年間の教員経験がなければならなかった（第2章で述べたように私も引退後、大学に通って教員免許を取得した)。

しかし、2013年に学生野球憲章が大幅に改定され、元プロ野球関係者であっても先述した研修を3日間受ければ、学生野球(高校、大学)を指導できるようになった。以前のプロとアマの隔絶した関係性からすれば、現在の流れは野球界の発展のためにも好ましい状況である。しかし、大学野球はともかく、高校野球の監督になる人は教壇に立つべき(教員であるべき)だと私は思っている。

大学に通い直し、教員免許を取得し、その後2年間の教員生活を経て高校野球の監督となったことを、私は遠回りしたとは思っていない。むしろ、10年以上に及ぶ教員生活を経て、高校野球を指導するならば教師として、あるいは担任として、毎日生徒たちと触れ合っていくことが何よりも重要であることに気付いた。

高校野球の監督は、選手たちの野球技術だけを向上させればいいわけでは決してない。監督がまずなすべきことは、高校生を人間的に成長させていくことである。勝利至上主義に染まるあまり、その順番を間違っている指導者が近年あまりにも多い。

授業で生徒を指導することが、グラウンドで選手を指導することとどれだけ密接につながっているかは、教壇に立った人間でなければわからないと思う。この私も、生徒たちと毎日教室で触れ合いながら多くのことを学び、それを野球部の指導にも生かしてきた。高校野球の監督は単なる「野球屋」ではなく、高校生の人間性を高めていける「指導者」でなければならないと思っている。

元プロが、指導者として学生たちに野球を教える機会が増えることは、私も大賛成である。ただ、3日間の研修を受ければ、高校野球の監督になれるという現状の制度には違和感を覚える。せめてサッカー界のように細かいライセンス制度を設け、しっかりとした知識や指導技術を身に付けさせてから、監督としての指導を許すべきではないだろうか。もっと言えば、野球界の発展を願うならばプロもアマも関係なく、野球の指導に携わる人は、青少年育成にかかわる知識を高め、最新のコンディショニング理論やトレーニング方法を学んでいくべきである。

私は選手たちに、野球人としてある前にまず人として、一社会人として、社会に出た時に恥ずかしくない生き方のできる人間になってほしい。野球がうまくなるとか、大会で優勝するとか、甲子園に出るといったことはその後に付いてくるものであって、高校野球の第一義ではない。仲間たちと野球をする中で人間性を高め、野球の素晴らしさを知ってくれれば、私はそれで十分である。

中国の朱子学では、国の支配者を「王者」と「覇者」のふたつに分けて考える。王者は「徳をもって統治する者」であり、覇者は「武力をもって統治する者」という考え方だ。私は高校野球においても、覇者ではなく、王者を目指すべきだと考えている。結果を出すためには何をしてもいい、強ければ何をしてもいいという考え方は間違っている。強い者には、それなりの人格も伴っていなければならない。高校野球の監督の役割は、そういったことを選手たちにたくさん教えていくことなのだ。

ただ、そうはいっても、本校の全選手が私の言っていることを真に理解できているとは思わない。でも、何年か経って彼らが社会に出た時「ああ、そういえば監督があんなことを言っていたな」と思い出してくれるだけでいい。だから、私はこれからも、選手たちに伝えたいこと、伝えなければならないことを伝え続けていくだけだ。

新制度への対応
——これからの高校野球

2020年に高校野球にも「球数制限」や「申告敬遠」の導入が決まった。こういった規定の導入により、高校野球はこれからも進化を続けていくのだろう。

高校野球に携わる私たち指導者は、決められたそのルールに則って選手たちを指導していくだけである。だが、2018年に設けられたタイブレーク制に関しては、高校野球の監督として納得のいかない部分が多々ある。

現在定められているタイブレーク制は、延長12回で決着がつかなかった場合、13回以降を無死一二塁から始めるという制度である。

13回以降の打順は前のイニングから継続し、一塁走者はひとつ前、二塁走者はふたつ前の打順の選手が入る。これは日本高野連が、投手の負担軽減などを目的に、甲子園や地方大会を含む主要な公式戦に導入することを決めたものだ。

投手の負担軽減を考えれば、タイブレーク制の導入はある意味、致し方ない。でもそれならば13回からではなく、延長となった10回からでもいいのではないか。

また、私はこのタイブレーク制で一番問題だと思うのは、打順が前のイニングから継続されるという点だ。

無死一二塁の条件は同じだとしても、打順が3番から始まるのと、8番・9番から始まるのとでは大違いである。そこまでお互いに大接戦を繰り広げてきたのに、なぜ13回から突然有利、不利が発生するのか。その点だけはどうにも納得がいかない。

タイブレーク制を導入するのであれば、攻撃はそれぞれのチームが「この打者から始めます」と決められるようにすればいいと思う。

２０１９年のセンバツで問題になったサイン盗みにしても、ここで私の考えを述べさせていただきたい。

私は「勝つためなら、何をしてもいい」という勝利至上主義者ではないので、サイン盗みを肯定はしない。しかし、サイン盗みはダメで、ピッチャーの癖を盗むのはＯＫというのはちょっと違うのではないか。サイン盗みも、ピッチャーの癖を盗むのも、その根本は一緒ではないかと感じる。

あの時のセンバツでは、セカンドランナーがバッターに球種を伝えているとして大問題になった。では、キャッチャーが相手チームの監督のサインを読み取り、盗塁やスクイズを封じるのはいいのか？　監督やキャッチャーが、相手チームにもわかるようにサインを出してしまっている以上、そのどこに線引きをして「○」「×」とするのか。現状ではそのラインがあまりにも曖昧である。

私が元プロだからか、「菅生はサイン盗みをしている」という色眼鏡で見られることがある。しかし、神に誓って私たちはサイン盗みを行っていない。本校がもしそのような疑義を相手チームからかけられたら、その際は「やっていません」と毅然と対応する。当然、私も試合中に、相手チームがサイン盗みをしていると確信したら、審判にその旨必ず伝えるようにしている。

私は、選手たちには「相手がサイン盗みをしていることを責めるのではなく、うちがサイン盗みをされないように対応していこう」と教えている。そのために選手たちが覚えた技術は、大学や社会人といったさらに上のレベルの野球でも生かされるはずだ。

高校野球への提言
――登録人数の制限を緩和すべき

高校野球の過密日程（とくに夏の大会）は、昔から事あるごとに問題とされてきたが、まだ根本的な解決には至っていない。

神奈川、千葉、愛知、大阪といった全国屈指の激戦区に比べれば、東京の大会日程は東京都高野連の配慮により、比較的余裕のある日程が組まれている。

たとえば秋季大会では最後の準決勝、決勝は連戦となるものの、それ以外は基本的に1週間に1試合のペースでスケジュールが組まれている。

また、夏の大会はそれよりはハードなものの、準々決勝から準決勝は中1~2日空くし、準決勝から決勝も中1日空けられている。

しかし、全国の激戦区に目を転じれば、5日間のうちに4試合というハードスケジュールも珍しくない。早稲田大のエースで2021年に東北楽天ゴールデンイーグルス入りした早川隆久は、木更津総合3年生の時に千葉大会で5回戦から決勝までの4試合すべてを投げ抜き、4連続完投(しかも5日間のうち中1日を挟んで4試合)で優勝を果たした。これだけ投げても潰れずにプロ入りした早川はすごいと思うが、このような過酷な日程は一刻も早く何とかするべきである。

近年の甲子園は、東京のように準決勝から決勝の間に中1日が設けられるようになった。このような日程の配慮が、全国の激戦区でも早くなされることを願うばかりだ。

前項で述べた球数制限に関して、私はピッチャーにとってはとてもいいことだと思うので導入には賛成である。ただ、今の日本の気候は昔と違い、夏の気温はだいぶ高くなっている。そういった環境下にあって、体調管理面で考慮しなければならないのは、ピッチャーだけではなくその他の野手も同様である。

選手たちの体調、体力を考慮するならば、現在の地方大会のベンチ入りの登録制限を20名よりも増やすべきだし、甲子園の18名はもはやナンセンスにも思える。

選手たちのことを第一に考えるというのであれば、過密日程の解消と登録人数の増加は絶対に行わなければならない。夏の甲子園は地方大会から登録をふたり減らされ、さらに日程まで過密になるというのは本当におかしな状態である。

ちなみに、神奈川は春と秋の大会は登録枠が25名に拡大される。この登録枠が夏の大会にも、さらには全国にも普及していけばいいと思う。

２０２０年の東京の独自大会は、特別に20名の選手登録を試合ごとに替えていいというものだった。このシステムはチームにとっても、選手にとってもいい規定だった。東京都高野連には、２０２０年に限った話ではなく、新たな制度として導入していただきたいと願っている。

すべてのキャリアが今の私を作っている

プロ野球選手として中日ドラゴンズで過ごした6年間は、私にとってかけがえのない貴重な財産である。野球の質、選手たちの心技体のレベル、さらには考え方、技術論、トレーニング方法など挙げたらキリがないが、プロ野球で学んだことはそのすべてが今の私の指導に生かされている。

鳥取に、国内のトレーニングジムの聖地と呼ばれている「ワールドウィング」という施設がある。私が現役の頃、中日ドラゴンズとワールドウィングは提携しており、私もワールドウィングでいろんなトレーニングと理論を学んだ。

ワールドウィングは『トレーニング革命』などの著書がある小山裕史先生が1981年に開業した歴史あるトレーニングジムである。

小山先生は国内の初動負荷理論研究の第一人者で、専用のB.M.L.T.カムマシンを使った初動負荷トレーニングを行っている。プロ野球だけではなく、オリンピックのメダリストなど、超一流アスリートがワールドウィングを訪れ、小山先生指導のもとトレーニングを実践している。

昔から行われてきた筋力トレーニングは、部分的に筋肉を鍛えていくもので、それは筋肉を大きくしていくだけのものだった。しかし、小山先生の行っている初動負荷トレーニングは筋肉だけではなく、筋肉と連動する神経や関節との協調性も高め、しなやかさと柔軟性を併せ持った動きを実現してくれるトレーニングである。

私は小山先生からそういったトレーニング理論を学びつつ、疲れにくい正しい体の使い方を教えていただいた。小山先生から教わったことすべてが、今の私の指導に生かされている。社会人野球を終えただけで高校野球の監督になっていたら、きっと今のような幅の広い指導はできていなかっただろう。

振り返ってみれば、私は高校野球、大学野球、社会人野球、さらにプロ野球を経て、軟式の野球やソフトボールの指導も経験してきた。

プロ野球と、ワールドウィングの小山先生から教わったこと以外にも、私が積み上げてきたキャリアすべてが財産であり、今の指導の礎となっている。これからも、今の状況に甘んじることなく、新しい理論や方法を学び、選手たちのために研鑽を積んでいきたいと思っている。

やさしいだけの指導者には気を付けろ

中学、高校生時代の私は生意気で、勝ち気で、時に指導者に歯向かうようなどうしようもない人間だった。

私は東海大菅生の生徒、選手たちにも、私が昔いかにひどい生徒（選手）だったかを隠すことなく話す。子供たちは、私を反面教師として成長していってくれればいいと思っている。

昔の私がいかにひどかったか。ひとつのエピソードをお話ししよう。私は朝が大の苦手で、高校時代は教室に入ったらすぐに机に突っ伏して寝ようといつも思っていた。だから朝から不機嫌そのもの。クラスメイトが「おはよう」と声をかけてきてくれても、私は不機嫌な顔をして「うるせー」と返すようなどうしようもない人間だった。

しかし、そんな人間でも改心すれば高校の教師と、高校野球の指導者にもなれる。もし教師や指導者を目指している人がいるとしたら、「どんな人にもチャンスはあるんですよ」とお伝えしたい。

本書のテーマは「叱って伸ばす」だが、私は常々「やさしい人には気を付けろ」と言ってきた。とくに、やさしい顔をして接してくる指導者にはだまされてはいけない。「やさしい人＝いい人」ではない。本当は自分のことを親身になって叱ってくれる人こそ、人間性を高めていくために必要な人なのだ。

誰でも、自分の嫌な部分や欠点はなるべく見たくない。でも人間は、そういった嫌な部分や欠点を修正していくことで成長していく。

やさしいだけの人は、自分にとって聞こえのいいことしか言ってこないから付き合いやすい。それとは逆に、自分の欠点を指摘してくる人、耳の痛いことを言ってくる人は「嫌な人」として敬遠しがちである。しかし、自分を真の意味で成長させてくれるのはどちらなのか。本書をお読みになってきた人には、改めてご説明するまでもないだろう。

教師の中にも、生徒から好かれたいあまり、まったく叱らない人がいる。生徒から嫌われたくないから、きついことが言えない。叱りたくてもそれをオブラートに包んでしまう。だが、そういった態度は教師として無責任極まりない。

結果がまったく出ずに苦しんでいる人、人生の崖っぷちで悩んでいる人には、その状況に応じてやさしいひと言や慰めの言葉をかけてあげる必要があると思う。

でも私は教師として、指導者として、人の上に立つ人間として、選手（生徒）たちのことを本気で思うならば、叱りつけてでも彼らの修正すべき点をしっかりと伝えていくことが大切だと思う。

甲子園を目指すのではなく、日本一を目指そう
――大阪桐蔭から学んだこと

東海大菅生の監督に就任した頃の私のように、甲子園を目指しているのになかなかそこに手が届かない状況が続き、悩んでいる指導者の方々も全国にはたくさんいらっしゃると思う。

第1章で述べたが、私は夏の西東京大会で3年連続決勝戦敗退という屈辱を味わった。そして、この頃に私は意識付けを「目指せ甲子園」から「日本一を取る」に変えた。

甲子園を目標にしてしまうと、地方大会の決勝戦が特別なものになってしまう。本来、

その決勝戦は甲子園に行くための通過点に過ぎず、チームにとって大切なのはどの試合も「一戦必勝」の心構えで臨むことである。

甲子園に行きたいのに、その手前の地方大会の決勝戦を「特別な試合」にしてしまったら、いらぬ緊張やプレッシャーを抱えることになる。あの頃の私たちは、そうやって自滅への道を辿っていた。

私が「日本一を取るぞ！」といきなり言い出したため、当時の選手たちはきっと戸惑ったに違いない。だが、私はそれでも「日本一」と言い続けた。結果として、2017年夏には甲子園で準決勝まで進み、2021年のセンバツにも出場できることになったので、私がやってきたことは間違っていなかったと思っている。

甲子園を目指している球児のみなさんも全国にたくさんいると思うが、ここまで述べてきたように「日本一」を目標に練習に励んでほしい。

「目指せ甲子園」だと、甲子園が遠い場所に思えてしまう。「運がよかったら行けるかな」くらいの軽い気持ちでは、とてもではないが甲子園には行けない。

大阪桐蔭が強いのは、彼らは「甲子園に行くのは当然」だと思っているからである。

私が監督就任後、初めて甲子園に出場した時（2015年のセンバツ）の初戦の相手が大阪桐蔭だった。私たちは0-8の大敗で甲子園を去ることになったが、大阪桐蔭の選手たちがまるで自分の庭でプレーしているかのような姿を見て私は愕然とした。大阪桐蔭の選手とうちの選手の違いは、能力やポテンシャルではなく、絶対に勝って日本一になるという「強い気持ち」だった。そこだけが大きく違っていた。

思えば、私が「日本一を取る」と目標を変えるきっかけとなったのは、あの時に大阪桐蔭の選手たちの姿を見たからかもしれない。大阪桐蔭のレギュラーは3年生が多いということは、1年生や2年生の時から甲子園でプレーしている選手が多いわけではないということだ。それなのに3年生になって甲子園に来た彼らは、ホームグラウンドのように伸び伸びとプレーしていた。

私はそんな大阪桐蔭の選手たちを見て、「こういうチームを作らないといけないんだ」と気付いた。毎日「日本一」を意識して練習する。その積み重ねが、大舞台でも決してブレることのない強靭な精神力を育んでくれるのだと思う。

私たちはまだ道半ば
——今は登山の6合目くらい

偉そうなことは言えないが、2017年の夏の甲子園でベスト4に進出したことで、甲子園で勝ち上がるには実力にプラスして、流れに乗ることがとても重要なのだと認識した。

甲子園では、一戦一戦勝ち上がるごとに強くなっていくチームをよく目にする。試合後、監督さんがインタビューを受けて、一戦ごとに成長する選手たちに驚いているようなコメントを発するのもよく耳にする。ベスト4に進出した時のうちの選手たちも、同じような感じだった。

2019年のセンバツでは、愛知の東邦が優勝、千葉の習志野が準優勝だった。この両チームにしても、最初から断トツに強いという存在ではなかった。両チームともに勝つごとに強く、たくましくなっていった。

とくに習志野とはセンバツの前に練習試合をしたことがあるので、その実力はだいたたいわかっていた。習志野は強かったが、決して勝てない相手ではなかった。それが甲子園で、あれよあれよという間に決勝進出である。

歴代の優勝校を見ると、そこに至るまでの過程で大逆転や、流れを大きく変えるスーパープレーなど、神がかった試合がいくつかあるものだ。甲子園で勝ち上がるには、実力以外に流れに乗ることも必要だし、運も欠かせない。プラスアルファの何かがないと、甲子園で頂点を極めることは難しいのだと思う。

甲子園は、選手の潜在能力を引き出してくれる不思議な場所でもある。それまで試合でホームランを打ったことのない選手が、甲子園で初ホームランを記録するのはよくあることだ。私たちがベスト4に進出した際も、知り合いの監督さんから「あんなに打つチームだったっけ」とよく言われた。夏の甲子園は、浜風といって右打者に有利な風がライトからレフト方向に吹き抜けている。あの浜風を捉えられるかどうか。それも勝敗を左右する大事な流れのひとつといえるのかもしれない。

２０２０年の東京都の独自大会、さらにそれに続く秋季大会で私たちは幸いにも優勝することができたが、だからといって私は東海大菅生が東京を代表するような強いチームになったとはまったく思っていない。

ただ、日本一を目指してやってきたのだから、甲子園でもしっかり勝たなければいけない。それだけは、選手たちにもずっと言い続けている。

2009年に東海大菅生の監督に就任してから12年。私の理想とする野球が山の頂上にあるんだとしたら、現時点での私たちの位置は6合目あたりである。まだまだ、中間からちょっと過ぎたところに辿り着いたに過ぎない。山の険しさは、これからどんどん増していくに違いない。仮に運よく全国制覇を成し遂げたとしても、そこはまだ頂上ではないと思う。だからこれからも一歩一歩、着実に、自分たちの野球を追い求めていくだけである。

おわりに――故きを温ねて新しきを知る

本書の中で、私の指導は「昭和スタイル」だとお話しした。時代とともに変えなければならないこと、学んでいかなければならないことは多々ある。ただ、そういった流れの中で「変えてはいけないもの」もあると思う。本書では、そんな時代の流れの中で、私がどのような指導を行っているのかをお話しさせていただいた。

昭和の時代、家庭の中で父親は絶対的な存在だった。「雷親父」とか「地震、雷、火事、親父」という言葉があるように、父は子供にとって怖い存在でもあった。私の父も、「雷親父」の典型だった。

私が選手たちを滅多に褒めず、「叱って伸ばす」指導に重点を置いている理由は本書で述べてきた通りである。私は選手たちに心技体すべての面で成長してほしいと願っているから、本気で叱る。今は私のことが大嫌いでいい。卒業して、社会に出て、何年か経ってから、あるいは人の親となった時に「監督が言っていたのは、こういうことだったのか」と気付いてくれればそれでいい。だから私は、これからも選手にとっての「雷親父」であり続けようと思う。

私が日本史の教師をしていることもあり、本書では度々偉人たちの残した言葉や書物、逸話などを引用させていただいた。

『論語』には「温故知新」=「故きを温ねて新しきを知る」という言葉が残されている。『論語』は、紀元前500年頃に生きた孔子の言葉を弟子たちが記録したものである。二千年以上前に記された書物の言葉が、国境を越えて、言葉の違う国々の人たちの学びになる。これこそまさに「温故知新」の神髄といえる。

令和となった現代社会では、昭和の時代の指導はよくない、昭和のやり方は古臭いなどとよく言われる。

でも、私が東海大相模でプレーしていた頃の野球がダメだとはまったく思わないし、私の恩師たちの指導が間違っていたとも思わない。

確かに、昭和の指導スタイルはやり過ぎな部分があったかもしれない。そういった改めるべき部分は改め、科学的に判明してきたことや先端技術も取り入れつつ、残すべきところは「温故知新」として残して学ぶ。昔がダメで今がいい、日本はダメで海外はいい、というような安直な全否定からは、新たな時代を切り開く発想も技術も生まれてこないと思う。
２０２１年のセンバツ。私たちは日本一を狙って甲子園で戦う。頂点に立つのが容易でないのは百も承知である。首都・東京の代表として、恥ずかしくない戦いをみなさんにお見せできればと思っている。

２０２１年2月　東海大菅生野球部監督　若林弘泰

叱って伸ばす

2021年３月26日　初版第一刷発行

著　　　者／若林弘泰

発　行　人／後藤明信
発　行　所／株式会社竹書房
〒102-0072
東京都千代田区飯田橋2-7-3
☎03-3264-1576（代表）
☎03-3234-6301（編集）
URL　http://www.takeshobo.co.jp

印　刷　所／共同印刷株式会社

カバー・本文デザイン／轡田昭彦＋坪井朋子
協　　　力／東海大菅生野球部
カバー写真／アフロ
編集・構成／萩原晴一郎

編　集　人／鈴木 誠

Printed in Japan 2021

乱丁・落丁の場合は当社までお問い合わせください。
定価はカバーに表示してあります。

ISBN978-4-8019-2582-3